WELCOME
WITH WOR]

Learning a new language ~~is challenging and rewarding. This~~ book provides puzzle based vocabulary exercises and is intended to supplement traditional methods of language study. We believe that learning should be fun. If you are doing something that you enjoy, then it will be easy to stick with.

In Learn POLISH with Word Search Puzzles you will find a collection of 130 bilingual word search puzzles that will challenge you with dozens of interesting categories.

This book includes:
• Diverse categories including: Numbers, Colors, The Body, Weather, Professions, Fruits, Vegetables, Verbs, Opposites, and many more!
• Words hidden horizontally, vertically or diagonally in each puzzle
• Easy to read puzzles
• Challenging and fun!
• Puzzle based learning provides unique learning perspective
• 65 jumbled review puzzles to challenge your memory and lock in those translations with reinforcement learning
• Complete solutions provided.

Keep your Mind Active and Engaged
Studies have shown that continuously challenging your brain with puzzles and games or acquiring new skills such as a new language can help to delay symptoms of dementia and Alzheimer's.
Keeping a sharp mind is a great idea for people of any age.

Learn with Word Search Series
Revised and updated for 2018.
Now including 10 challenging languages. Check out our other titles!

Happy searching!

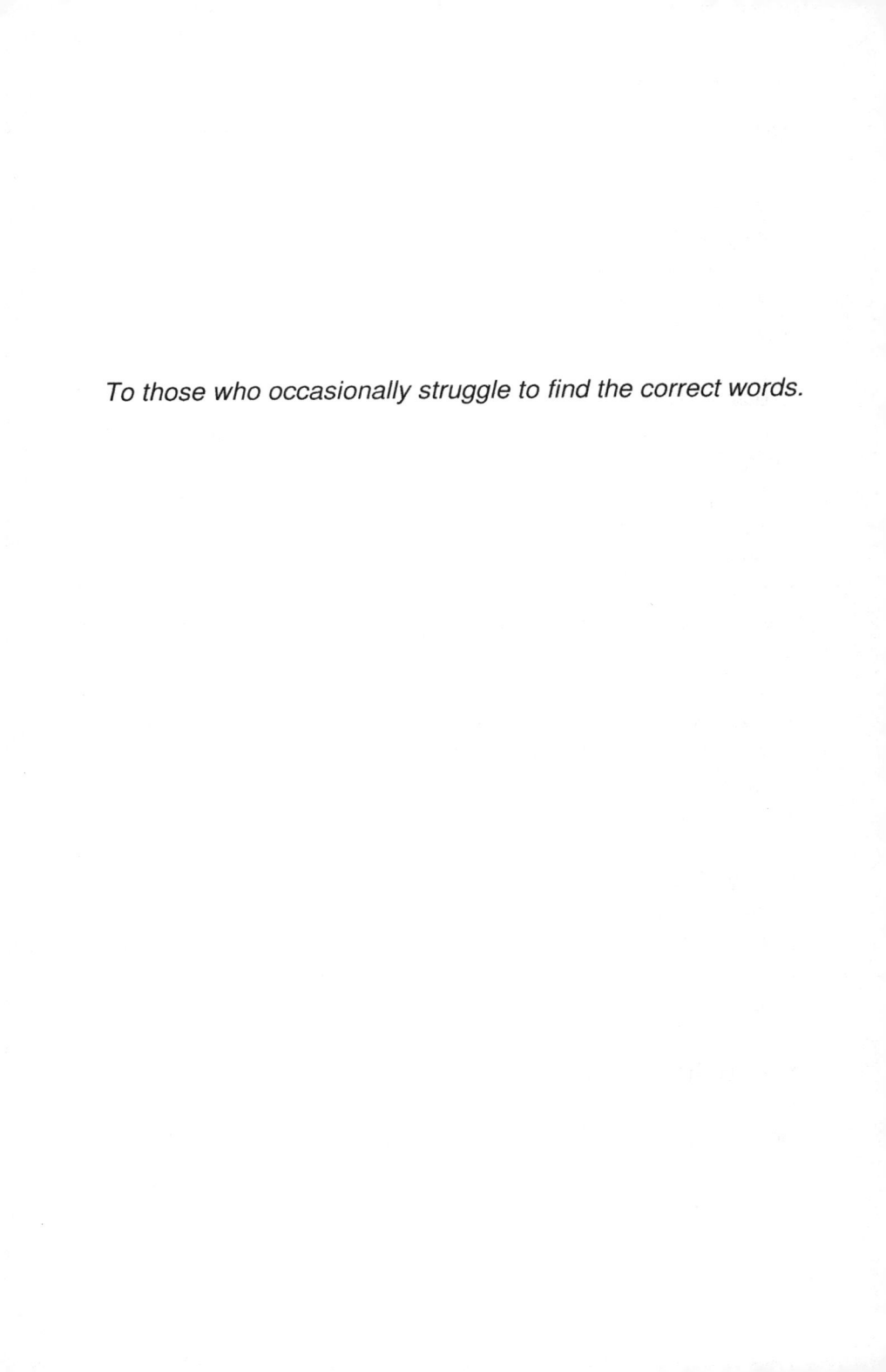

To those who occasionally struggle to find the correct words.

NUMBERS

Welcome to Learn with Word Search. It's time to count down to your new vocabulary. Here we go. Three. Two. One   Find these number translations in the grid below.

```
E I C Ś A N R E T Z C U O S H T
E N S I J E D E N A Ś C I E P A
D T G H D F I I I S O E E I S Ę
T I Y Ś O O O C N C D A Ę G B F
Ć W H Z O U Y Ś Ś E Ś Ć Ś H J E
S A E A R R O A M A T A A T W O
E E T L E T N N E E N E N W H H
F E O T V E E Y E A Ć T Ć A D O
I R Z L E E D Z S E Ś Ć Ę Z W I
A C X T T N E R W P E X I I D D
S E F R H I J T C E Z E W E P M
P I I M R H N E V E S L E Ś F R
F H X A E K N I Ę I M E I S O A
T T L L E I F A Ę D T V Z U U S
Ę A I B N Z F Ć R H N E D G R H
D T C I Z L B R I I L N G V R O
```

ONE	JEDEN
TWO	DWA
THREE	TRZY
FOUR	CZTERY
FIVE	PIĘĆ
SIX	SZEŚĆ
SEVEN	SIEDEM
EIGHT	OSIEM
NINE	DZIEWIĘĆ
TEN	DZIESIĘĆ
ELEVEN	JEDENAŚCIE
TWELVE	DWANAŚCIE
THIRTEEN	TRZYNAŚCIE
FOURTEEN	CZTERNAŚCIE
FIFTEEN	PIĘTNAŚCIE

MORE NUMBERS

A zillion is often used to describe a huge number, but it doesn't actually have a defined value. We won't make you count to a zillion, but below you will find some more numbers to add to your vocabulary.

```
D Ć L E N A F S Ą Q N F M C T H
Z V A I Ć O Ś N U O B Q I Ą G R
I W Ś I R A I W I F N O I F E Y
E S Ę T C N B L J N S S I X T Y
W Z Y Y Z Ś I Ę L S E V E N T Y
I E J R T M E Ć R I A T E T R H
Ę Ś A N E H T I Z F M W Y Ę Z F
Ć Ć N R R S G D Z A T S Q P Y G
D D A H D Ę Ć I E D I T H R D N
Z Z I I Z Ę D L E Ą A D U X Z N
I I T H I R T Y C F I W N K I R
E E O P E T H O U S A N D Ą E K
S S Ę Ć Ś N E O T T V A R Ę Ś O
I I S Ą C S V Ć B N D A E Ć C T
Ą Ą T Ą I S E I Z D M E D E I S
T T A O S I E M D Z I E S I Ą T
```

TWENTY	DWADZIEŚCIA
THIRTY	TRZYDZIEŚCI
FORTY	CZTERDZIEŚCI
FIFTY	PIĘĆDZIESIĄT
SIXTY	SZEŚĆDZIESIĄT
SEVENTY	SIEDEMDZIESIĄT
EIGHTY	OSIEMDZIESIĄT
NINETY	DZIEWIĘĆDZIESIĄT
HUNDRED	STO
THOUSAND	TYSIĄC
MILLION	MILION

DAYS OF THE WEEK   3

The seven days of the week were named after the seven celestial bodies that were visible to the naked eye thousands of years ago. These are the Sun, Moon, Mercury, Venus, Mars, Jupiter, and Saturn. See if you can spot their translations with your naked eye below.

```
K E E W E D N E S D A Y R Y O E
A O Ą J U T R O Z D W A A Y W Y
H E Ś Ą Ń T B I O Ł A D H O A A
Y A W S Ę O S R T N I S R D D D
Ń A I Z T I Ś N M R R R N Ą R O
T I Ę A A I L P F N O U Y S Z T
T Ń T J S O T I T M S H A N Y S
T W O U Ę M W Ą O B M T D I A C
A H I L E H I T Ś D U I N E D J
A Ń Ł G A S Y E O R N Ł O D R A
W E E K E N D K D R M E M Z E R
Ś T Ń I C Z W A R T E K K I T O
E Ń E I Z D Y T Y L T K S E S Z
U V N Z X D Ń L A I H V A L E C
N A T I O N A L H O L I D A Y W
A I M K E Ł A I Z D E I N O P H
```

MONDAY	PONIEDZIAŁEK
TUESDAY	WTOREK
WEDNESDAY	ŚRODA
THURSDAY	CZWARTEK
FRIDAY	PIĄTEK
SATURDAY	SOBOTA
SUNDAY	NIEDZIELA
WEEKEND	WEEKEND
NATIONAL HOLIDAY	ŚWIĘTO
TODAY	DZISIAJ
TOMORROW	JUTRO
YESTERDAY	WCZORAJ
WEEK	TYDZIEŃ
DAY	DZIEŃ

MONTHS

The Roman calendar originally had ten months, which explains why September, October, November and December are based on the latin words for seven, eight, nine and ten. Search for the months and their translations below.

```
Ń E F L R A D N E L A C D E E W
S E P T E M B E R T Ą E Z Ń K H
T Ą I O B T Ą T G I Y R Ą O I A
Y R N C M T A H S R L U T Y N Ą
A R E Y E A R E Ń E I S E Z R W
G M A B V I I O S S S Ą L Ź E S
X R A U O M W M O O T R L Ą I T
H X U R N T R K D C O Q T T Z K
Y J G D C A C V I E P T G J D A
R Z U Ź Z H J O D I A A U Ń Ź L
A N S L N I N D W W D N Ź E A E
U P T R Y Ń E I P R E I S Z P N
R Ź R A A H Ą Ń R E B M E C E D
B I M I I M A Y L Z S A R Y G A
E W A R L I P I E C M O N T H R
F T J O H B Ń H C F K E U S F Z
```

JANUARY	STYCZEŃ
FEBRUARY	LUTY
MARCH	MARSZ
APRIL	KWIECIEŃ
MAY	MAJ
JUNE	CZERWIEC
JULY	LIPIEC
AUGUST	SIERPIEŃ
SEPTEMBER	WRZESIEŃ
OCTOBER	PAŹDZIERNIK
NOVEMBER	LISTOPAD
DECEMBER	GRUDZIEŃ
CALENDAR	KALENDARZ
MONTH	MIESIĄC
YEAR	ROK

TIME & SEASONS

5

The seasons are caused by the tilt of the Earth as it orbits the sun. For part of the year the sun shines longer on one hemisphere resulting in summer. Tilt your head and search for these words related to time and the seasons below.

```
G W R S G T F O S Y R T A M S C
E N N H A P O P O Ł U D N I E H
I S U M M E R R E T N I W N A T
C E Y T U I I N K U R A T U F T
E Ń Ń I N T N Y K I Y U E T T A
L M E G A J U E R G R A O E E D
U O I I H R S A N Y E T D H R K
T R S E Z I M A J D A A R A N O
S N E Ł S D N E E L C D O E O R
E I J Ń F I M T A E N M A W O A
C N Z I G I Ą E D G O D Z I N A
O G Ń H E K N C U N A U W O O A
N F T E Ą P B G T K I Y H S C R
D S U T E T E H E S C W E N O E
A R H U B F N D M I N U T A Ą M
R U H H R H N R C F Ł Ń R O R E
```

WINTER	ZIMA
SPRING	WIOSNA
SUMMER	LATO
AUTUMN	JESIEŃ
SECOND	SEKUNDA
MINUTE	MINUTA
HOUR	GODZINA
DAY	DZIEŃ
MONTH	MIESIĄC
YEAR	ROK
MORNING	RANO
AFTERNOON	POPOŁUDNIE
NIGHT	NOC
DECADE	DEKADA
CENTURY	STULECIE

COLORS

The three primary colors are red, green and blue. These three colors can be combined to create an astonishing variety of color. Astonish yourself by finding these translations in the grid below.

```
A Ł H B E F O F A Z I E L O N Y
G U L X B I Ó P U R P U R O W Y
R U S R E B R N Y T B M D O N W
E I O Ą L O R M Ń L D N T O P O
E W C E P R Ó Ą A Ż E E W Ń B Z
N R Y A R S K C Z G L R R I T C
I A A D U O K N N O E T T A F Ń
E G N Z P Ż F A I Z W N E S H A
B Y H A Ł N R F C P C Y T Z H R
I Ł N Y J O Ż Ó Ł T Y F I A E A
E A Ą Ń N Y T S Ż Ą Ą X H R S M
S I L V E R C Y E O N E W Y T O
K B L L A G A Ł E A W O S I I P
I D L O G N Ż Z O R T Y H Ż A Ą
L O Ą O Ó F M F C W G A Ł E R Ą
W W R A E D B B L R W I A Z S O
```

BLACK	CZARNY
BLUE	NIEBIESKI
BROWN	BRĄZOWY
CYAN	CYJAN
GOLD	ZŁOTY
GREY	SZARY
GREEN	ZIELONY
MAGENTA	PURPUROWY
ORANGE	POMARAŃCZOWY
PINK	RÓŻOWY
PURPLE	FIOLETOWY
RED	CZERWONY
SILVER	SREBRNY
WHITE	BIAŁY
YELLOW	ŻÓŁTY

SHAPES

A dodecagon has 12 sides, while a megagon has a million sides, at which point it is essentially a circle. Time to think outside the box and find these 2D and 3D shapes in the puzzle below.

```
Ą D T E I G E R E H P S N D S N
Y Ś E A L W I E T T Z O I V N A
E D M W C I R C L E G M E R L U
H I N I L A V O Ś A A O Ś U Ę Ę
L S L O U Z Ż C T R Ó J K Ą T N
N L P Q M D I C Y L I N D E R R
X O S E E A O P E N O G A X E H
E E F T N I I O T L Ż Ż P H C L
A N F Ą Ą T E D S E A U C K T H
E E K K N K A S L M Ł W U O A S
Ż O W O Y O O G T S I T B Ł N L
Ż R A T S W N I O O A O E O G E
H R D S Ł A Ę R C N Ż Ę K B L Q
A S R O I L T X M Ę H E M Ą E W
A D A R O S Z E Ś C I O K Ą T I
W E T P O L E D O O R P Ą Z M E
```

CIRCLE — KOŁO
CONE — STOŻEK
CUBE — SZEŚCIAN
CYLINDER — WALEC
DIAMOND — ROMB
HEXAGON — SZEŚCIOKĄT
OCTAGON — OSMIOKĄT
OVAL — OWAL
PENTAGON — PIĘCIOKĄT
PYRAMID — OSTROSŁUP
RECTANGLE — PROSTOKĄT
SPHERE — KULA
SQUARE — KWADRAT
STAR — GWIAZDA
TRIANGLE — TRÓJKĄT

THE HEAD

Our face is the most expressive part of our body. We can convey a variety of emotions with the 43 muscles we have in our face. Below are some words related to your face and head.

```
F T Ł C H I N K E Z C I L O P P
O C W V O T W H K H O Ł W O E H
R J R D L V E R E Y E E G Ę H R
E O A E Y J Q E B A T H C Ę L H
H T Ł R T E K A T G D D W T I E
E A O R E Y Ę R O Ł T A O O P Y
A C A H Z P S L T O A W Ł O S Y
D Y A Ę C Ę Y H H W F Ł E Ę E B
E I J F E U W O C A A E Z Ę H Ę
R F S G Ę N A L T Z N R A B S Z
I Ł E F H R V S E T O T Z J A C
T O S R D F U R U I S Ł N D L D
O W E A T T E T G U E O O M E R
R I C F O L S O N Ę Ł R H A Y L
C H Q O E K S W O R B E Y E E Q
I E W A C M O U T H E Ę H U Q C
```

CHEEK	POLICZEK
CHIN	BRODA
EAR	UCHO
EYE	OKO
EYEBROWS	BRWI
EYELASHES	RZĘSY
FACE	TWARZ
FOREHEAD	CZOŁO
HAIR	WŁOSY
HEAD	GŁOWA
LIPS	USTA
MOUTH	USTA
NOSE	NOS
TEETH	ZĘBY
TONGUE	JĘZYK

THE BODY

The human body is a remarkable thing, with hundreds of specialized parts that we take for granted every day. Here is a list of some important parts of the body to remember.

```
H L E K E L O N R E W W Ę X E T
Ł H I G C F K E T S R A G D A N
N O Ę A J I O H T Ć I T I K Y T
R Ń Ć I Y Ć U O N Ł S I T T B A
E O T R M M P K T I T A Ę O Ę S
D I M H B A A N A Ć P X E A G A
L G A O I P R W N O A P S E E H
U O E N A P Ń O Ł D Y I L Ł M A
O N B L S I R D D O E H A E H Ł
H U E U H D N A H E N H E R A E
S C T F O N A W Ę Ł N L E R O E
E E O I I A O R I O H A O E S A
K L B N N B G G M K A E H N H A
R A O G L T E Ł A I L A T R G D
I P Ł E D A L B R E D L U O H S
G Ł O R Ń T E R Ę Ć D A H I H V
```

ARM	RAMIĘ
ELBOW	ŁOKIEĆ
FINGER	PALEC
FOOT	STOPA
HAND	DŁOŃ
HIP	BIODRO
LEG	NOGA
NIPPLE	SUTEK
SHOULDER	RAMIĘ
SHOULDER BLADE	ŁOPATKA
THUMB	KCIUK
TOE	PALEC U NOGI
WAIST	TALIA
WRIST	NADGARSTEK

THE BODY 2

Skin is the largest human organ and is approximately 15% of your body weight. Search for these other parts of the body and their translations in the puzzle grid below.

```
S E E K E P Ę P O R R W E E O S
Ś A Q T E Ę I L A Ć B O Ć N K Ś
L O A Ć V O D E F C G T Ł Ó E W
R R Ł S M T Ó C R H H S R A Ę O
W E L K N A I Y A Ś A A M M I K
I A E B O D Y T F O R E A R M C
S G V N O L Ś B E L M R I S A A
T P A A K G A L R H P B S U R L
U E N B K C A N T H I G H A D F
H O S U K T H R O A T E P Ł E O
P Ć O T T G S Ę D Y K A J Y Z S
M R T T H K W O Ł Ł W D V A R Ć
I Ś F O E C J E K S O S Y T P E
Ł Ę Ś C S E K S N S I K M Ł D S
Ć E I K O N Z A P Y T I E F T A
W Ę L S L I A N R E G N I F H A
```

ANKLE	KOSTKA
ARMPIT	PACHA
BACK	PLECY
BODY	CIAŁO
BREAST	PIERŚ
BUTTOCKS	TYŁEK
CALF	ŁYDKA
FINGERNAIL	PAZNOKIEĆ
FOREARM	PRZEDRAMIĘ
KNEE	KOLANO
NAVEL	PĘPEK
NECK	SZYJA
SKIN	SKÓRA
THIGH	UDO
THROAT	GARDŁO

ON THE INSIDE

Our internal organs regulate the body's critical systems, providing us with oxygen and energy, and filtering out toxins. Check out this list of squishy but important body parts.

```
S A E R C N A P P E N D I X K S
S L A R G E I N T E S T I N E M
E C R H T O Ę Ł O E T Ą A R D A
I G T L S G N U L I Ż Y C A Ą L
K V E Z L F Z C A N Z E Ł Ł Ł L
N J R C E G S Ó I Ś K D Ó Y O I
E E I S I U Ę A M Ę R D E T Ż N
I L E B M N R S N I E V R L H T
C I S L W B T T O M W Z H I Ś E
O T Y O P Ą O Ę L O U C A V N S
T O E O D S T Ż T S A Ż A E D T
I G Z D N R L R T M Ą C Ó R F I
L R O B A C Z K O W Y T U O H N
E U N E R K A T K B Ó T F Ł A E
J B H H N I S F X T A Ś Ś N P Ó
Y E N D I K O Ą M R N E Q G P Ż
```

APPENDIX	wyrostek ROBACZKOWY
ARTERIES	TĘTNICE
BLOOD	KREW
BRAIN	MÓZG
HEART	SERCE
KIDNEY	NERKA
LARGE INTESTINE	JELITO GRUBE
LIVER	WĄTROBA
LUNGS	PŁUCA
MUSCLES	MIĘŚNIE
PANCREAS	TRZUSTKA
SMALL INTESTINE	JELITO CIENKIE
SPLEEN	ŚLEDZIONA
STOMACH	ŻOŁĄDEK
VEINS	ŻYŁY

EARTH

The Earth is an enormous place that time has divided up into continents and oceans. Take some time and memorize these words that define our Earth.

```
B A N E Q U A T O R H A Z J A B
Ó I N O A C I T C R A T N A I Ó
S L E U R O P E L N N A L E S P
O C T G L T U Ł O A E A G I A A
U C D T U R H R K C N U D C N C
T O R C O N T A O I N T I H T Y
H N A P E H P C M P N F Y A A F
A T A N P A I Ó O E I W E C R I
M I E O C T S Ł Ł C R L Ó I K K
E N L H N O U F O N O I O R T I
R E Z A S D N C S P O B C F Y N
I N L A N C E Ł H W R C P A D R
C T G I C A I T Ó N Ó R N G A T
A W O I N D U Ł O P A F R Y K A
Ł W L W K O N T Y N E N T A G Ó
Y A H Ó S Ł S Ł Ł C Ó D I R H D
```

AFRICA	AFRYKA
ANTARCTICA	ANTARKTYDA
ASIA	AZJA
ATLANTIC OCEAN	ocean ATLANTYCKI
CONTINENT	KONTYNENT
EQUATOR	RÓWNIK
EUROPE	EUROPA
NORTH AMERICA	ameryka PÓŁNOCNA
NORTH POLE	BIEGUN PÓŁNOCNY
PACIFIC OCEAN	PACYFIK
SOUTH AMERICA	ameryka POŁUDNIOWA
SOUTH POLE	BIEGUN POŁUDNIOWY

GEOGRAPHY

Time to zoom in and take a look at some geographical features that make up our planet. Fly over mountains, forests and glaciers as you reflect on the beauty of nature.

```
V B T E R M V H A Ż K C O A S T
A W O L A R O K A F A R I G Ó O
B R Q A E N O U A C O N A D A A
F E Ó N D K S E N I Y P R T A O
E B T G N L N E Z T S E A R E A
E P E S D Ó S E S Y A K E I T R
R Ż C J E O J U W Ó E I H V A M
L S E A S R P O C Z C Z N E I S
A F I Z E S O C R A T E R R E E
R E W O R W F F L I Ż T L O S O
O T O N T B U G S K Z A V A M T
C A D A B S Y L P B K Ó L Ż M E
L S O E H G A W K E H F E P I H
V O L C A N O I N A E C O T W Ż
O D D O D A A F M C N T Ó C N E
N S H A N P S H E H T Ż E F T G
```

BEACH	PLAŻA
CITY	MIASTO
COAST	WYBRZEŻE
CORAL REEF	RAFA KORALOWA
CRATER	KRATER
DESERT	PUSTYNIA
FOREST	LAS
GLACIER	LODOWIEC
ISLAND	WYSPA
LAKE	JEZIORO
MOUNTAIN	GÓRA
OCEAN	OCEAN
RIVER	RZEKA
SEA	MORZE
VOLCANO	WULKAN

WEATHER

Today's weather forecast shows a 100% chance of learning some important weather terms.

```
Ę A F A C I W A K S Y Ł B Ś L H
G L Ś T L K W G T N Ł L F C A A
O R Ł Z T P R A N O P S O E V C
F Ś Z I U N R U R W E H R Ć L I
Ą H T M P R S H U M I D E O S R
N Ę D N O G T A J R C R U G E T
P E T O C T A E J E M D A L I E
A H H C H Y D N I W Y N N I F M
Ę O U Ą M E C N Ś N I E G W N O
I U N R U D E S Z C Z A H C I R
G Ł D O R I Ć D Ć T Ł R O R T A
E S E G N I N T H G I L T Ę X B
S W R Ś Y Ś C A M A D U C E Ć G
N S I V H U R A G A N Z U H I H
E C Ś A T Ś Ę A N R A I N B O W
S Ł O N E C Z N I E O V E T A R
```

BAROMETRIC pressure	CIŚNIENIE barometryczne
CLOUDY	POCHMURNY
COLD	ZIMNO
FOG	MGŁA
HOT	GORĄCO
HUMID	WILGOĆ
HURRICANE	HURAGAN
LIGHTNING	BŁYSKAWICA
RAIN	DESZCZ
RAINBOW	TĘCZA
SNOW	ŚNIEG
SUNNY	SŁONECZNIE
THUNDER	GRZMOT
WARM	CIEPŁY
WINDY	WIETRZNIE

AFRICAN ANIMALS

Let's go on a word safari to search for some of Africa's most famous animals. Elephants and lions are hiding somewhere below.

```
C E I Z U G P L E W N T A E A D
O F E N P Ś D Y H Ł I A G B R D
N F Ż Z O S T R I C H O N A Ł Y
N A D Y E I Ł O A O H Ś P S E Ż
H R Ł R R B L G E T Ż E I U E A
I I L S N A R B R H G I E P Z Ż
P G P I Ł N F A R B E Z O T N A
P B P O F O W A N T Y L O P A O
O M A Ł P S Ń S B T E T Ż I P H
P Ż W B W O F T Z T R N C D M Ł
O S I T O R T G N Y W A N E I H
T M A L Ś O E A F D M H P Ł H J
A N N U E Ż N I M K X P D M C S
M P R V L E O P A R D E A N A Ń
U T A M Y C G O R I L L A N Ś L
S N E H Ń R H I N O C E R O S T
```

ANTELOPE	ANTYLOPA
BABOON	PAWIAN
CHEETAH	GEPARD
CHIMPANZEE	SZYMPANS
ELEPHANT	SŁOŃ
GIRAFFE	ŻYRAFA
GORILLA	GORYL
HIPPOPOTAMUS	HIPOPOTAM
HYENA	HIENA
LEOPARD	LAMPART
LION	LEW
OSTRICH	STRUŚ
RHINOCEROS	NOSOROŻEC
WARTHOG	GUZIEC
ZEBRA	ZEBRA

ANIMAL KINGDOM 1

A recent study estimated that there are approximately 8.7 million different species of life on Earth. Below are just a few examples for you to learn.

```
Ś Ł P Ś X T Ź P O L A R B E A R
E Q Q W T I T E O M C A F W U A
N A I F Ą Z A N R N S Y R G Y T
P O R J R A U G A J A Y N H S Ą
Ś S V Ł I R A U G A J A D F N Z
Ź T R Ą Y W L I N H K E K C I R
D E S S Z S Y N A O L I H E E E
D Ś L S Ó A O W K D I T H D D P
N R Y H Ł A U R E O W T A Ą Ź O
Ś M E R Y W Ó R E E T Ś Ł R W T
Ł O R G C L E C M M L B Ś M I E
Ł U Ł A I N A L T A L X D F E I
W S M K B T D Y S E S O O M D N
O E L U M B Ł E I S Ó F G T Ź N
L W E N A N I W G N I P Ś Z J N
F C S T S P A T B O Z L A E Ź S
```

BAT	NIETOPERZ
CAMEL	WIELBŁĄD
CAT	KOT
DOG	PIES
FOX	LIS
JAGUAR	JAGUAR
KANGAROO	KANGUR
MOOSE	ŁOŚ
MOUSE	MYSZ
MULE	MUŁ
PENGUIN	PINGWIN
POLAR BEAR	NIEDŹWIEDŹ polarny
RABBIT	KRÓLIK
TIGER	TYGRYS
WOLF	WILK

ANIMAL KINGDOM 2

Another study estimates that approximatley 150-200 species are going extinct every 24 hours. Find the animals below before they disappear forever.

```
X Ą Ó Ż O K T F I H T U N W Ó Ź
C Z A R N Y N I E D Ź W I E D Ź
E O K L L A L U W E Ą T I B S S
S P R L Ą O E Y K Ż R L E Ę H H
O O Ó A A W R R D S W A E R Ź I
R S I M N R R T H O V Ź T S O L
T S W A E G I C V E K T Ź K T Z
A U E N I P U C R O P O E U M R
S M I D A R Q T H O H T R N G E
H Ą W B U T S G A I C K S K T I
Ą D A Z A I U W O N P O H S H W
E Ż C E I W O G Ę R P M D N A Z
H Z A E B S Ą Ó N O F A U I Ą O
S C K Ó N O O C C A R A M N L Ż
Ó O B L A C K B E A R S N A K E
K R Ź M N Z C A R P P O Z S L J
```

BEAVER	BÓBR
BLACK BEAR	CZARNY NIEDŹWIEDŹ
CHIPMUNK	PRĘGOWIEC
CROCODILE	KROKODYL
FROG	ŻABA
LLAMA	LAMA
OPOSSUM	OPOS
ORANGUTAN	ORANGUTAN
OWL	SOWA
PORCUPINE	JEŻOZWIERZ
RACCOON	SZOP PRACZ
RAT	SZCZUR
SKUNK	SKUNKS
SNAKE	WĄŻ
SQUIRREL	WIEWIÓRKA

SEA LIFE

The blue whale is the largest animal on Earth. It's heart is the size of a car and can weigh as much as 50 elephants. Search the depths of the puzzle below for some other fascinating sea creatures.

Ł	O	Ó	S	D	N	O	A	H	Q	E	T	K	N	Ś	A
R	V	V	R	S	I	O	Ś	M	I	O	R	N	I	C	A
S	L	N	A	A	K	R	O	A	E	A	L	W	F	E	T
Ó	D	E	N	C	E	Ó	H	M	B	N	S	A	L	M	K
E	E	Ż	Ł	K	R	A	H	S	I	Y	I	L	E	P	A
D	C	Ł	E	A	O	O	W	H	I	T	R	R	D	S	Ł
E	A	Ł	M	E	C	O	P	H	Ó	F	N	U	H	L	A
P	D	O	O	L	T	L	E	W	M	O	R	S	K	I	M
O	H	I	T	W	O	R	O	Z	G	W	I	A	Z	D	A
N	S	S	U	D	P	T	S	D	I	F	R	Z	T	Z	R
M	I	D	Ó	Q	U	A	Ó	E	Y	I	T	U	Ó	S	N
R	F	Ż	E	R	S	Ó	L	L	A	N	O	D	T	O	I
C	R	E	T	S	B	O	L	A	A	L	I	E	T	A	C
R	R	L	S	Ó	R	E	K	H	T	O	I	M	N	D	A
E	E	A	H	Y	J	O	K	W	Ł	Ó	Ż	O	E	T	W
E	A	Ś	B	D	F	A	M	A	C	O	Ó	E	N	E	H

TURTLE	ŻÓŁW
CRAB	KRAB
DOLPHIN	DELFIN
FISH	RYBA
JELLYFISH	MEDUZA
LOBSTER	HOMAR
OCTOPUS	OŚMIORNICA
ORCA	ORKA
SEA LION	LEW MORSKI
SEAL	FOKA
SHARK	REKIN
SQUID	KAŁAMARNICA
STARFISH	ROZGWIAZDA
WALRUS	MORS
WHALE	WIELORYB

FAMILY 1

Are you married? Do you have any siblings? Here is a list of terms that will help you to describe your nearest and dearest

```
H A C I N E Z R T S O I S Ó Ó M
H G R A N D F A T H E R E L M H
T L N D Z S C A U N T I T O W S
R Y I I N E R E T L O Y T D T D
S F E Y E B G L I H Ó H M N I T
T C I R G C S C B C E B E E N H
I D W E H P E N T R J R H A Ó I
O C I O C I A U O D A O A R O R
Ó Ó N S A I S D I P C T D Ó H W
M K E D A I Z D C A H H A O T U
Y A S L O I C D T S I E U N H J
L V M S N U T B O I L R G E E E
I E T A P I N N A R D T H D E K
M R Y H I A L H E B R E T S I S
A K R Ó C Y O S H I E O E H D Z
F G E R E H T O M D N A R G S T
```

AUNT	CIOCIA
BROTHER	BRAT
CHILDREN	DZIECI
DAUGHTER	CÓRKA
FAMILY	RODZINA
FATHER	OJCIEC
GRANDFATHER	DZIADEK
GRANDMOTHER	BABCIA
MOTHER	MAMA
NEPHEW	BRATANEK
NIECE	SIOSTRZENICA
PARENTS	RODZICE
SISTER	SIOSTRA
SON	SYN
UNCLE	WUJEK

FAMILY 2

Here are some more family members that you might be particularly fond of (or perhaps not)

```
T R V W R Ę G C W T I T Ą Ą A R
S W A L N I R E T S I S G S E A
R D A A R U I V A T B Ę R S R K
I A R L W W K H Ś Ł Y B A B E R
E U Ś Ł N O A K U Z Y N N T T E
N G O C Ć I I L G S O S D Q H I
Ł H E P H Ś R C N O B Z S A G G
D T M C E Ł E E Ś I I A O H U A
Z E H S B R O T H E R I N L A W
I R V O A T Z P W T T E U D D Z
E I W N D S O C A C O Ć H Ż D S
C N L I Y Ś Z B O K Ę M O T N Ś
K L E N F Y Z U Ś I A N L T A T
O A O L N E S S Z W A G I E R F
W W X A Ś I D Ś Ć T M Ą Ż H G S
A R N W N U C Z K A B O Y Ę N E
```

BROTHER-IN-LAW	SZWAGIER
BABY	DZIECKO
BOY	CHŁOPAK
COUSIN	KUZYN
DAUGHTER-IN-LAW	SYNOWA
FATHER-IN-LAW	TEŚĆ
GIRL	DZIEWCZYNA
GRANDDAUGHTER	WNUCZKA
GRANDSON	WNUK
HUSBAND	MĄŻ
MOTHER-IN-LAW	TEŚCIOWA
SISTER-IN-LAW	SZWAGIERKA
SON-IN-LAW	ZIĘĆ
WIFE	ŻONA

VERBS 1

Actions speak louder than words. Here is a list of common verbs that you might encounter in your travels.

```
T O F O L L O W Ć S G Ć B F X T
S O E N M Y Ś L E Ć A A F Ć E G
R E T Ż Y P B Y Ć Ć E K Ś E K Ł
I N N H I G E I A I E E R P Ż L
Ć I N E I M Z Ż T S J Z S S V Ć
A A W E C N Ą H Y O N C S O T B
Ć A W S E D K D Z N W B Ż Y T T
Ć E P O O O A A C Ś P Ł N Ś Ł R
H Ć G P T Ł S R P Ł G Ł U E O S
A Y N Y E O A F F T T V A N O I
H Z I I R E G I S T D O F C K T
T C S T H R L P N A A A P O I K
D A O O T O A S K E E U O A Ż Ć
I B T M Y Ć Ż C O O R C W T Y U
E O E G N A H C O T O O Ż E B S
Ć Z A P Y T A Ć U T T S W H T I
```

TO ASK	ZAPYTAĆ
TO BE	BYĆ
TO CARRY	NOSIĆ
TO CHANGE	ZMIENIĆ
TO COOK	GOTOWAĆ
TO EAT	JEŚĆ
TO FOLLOW	PODĄŻAĆ
TO HEAR	SŁYSZEĆ
TO PAY	PŁACIĆ
TO READ	CZYTAĆ
TO SEE	ZOBACZYĆ
TO SING	ŚPIEWAĆ
TO SLEEP	SPAĆ
TO THINK	MYŚLEĆ
TO WAIT	CZEKAĆ

VERBS 2

There are thousands of verbs in use today.
Here are some more popular verbs to practice.
Find the translations below.

```
N Ź E K O C H A Ć A K U Z S O E
I Ś Ś D T O H A V E P R Q T G E
E Ó O L O P H N E T O C O M E O
S T Ć E S R E G O B Ó S K Ż Ć E
E T E H P A S L I M E N I G V U
T O I E E C O Ć O L I Ą S O E E
A U M D A O L P L R T Ż L Ś A L
M N U I K W C Z D Ć D O G Z D T
Ó D Z F E A O O A B T N T N Y D
W E O I B Ć T D K M O O I A K T
I R R Ś T Ś E V H R K F H L K H
Ć S L P R Z Y J Ś Ć O N N E N E
I T O T R A V E L T B W Ą Ź L Ą
P A Ó P Ą O A Ś O Q Ż R O Ć E P
S N S A X D X A Ą L K Ć A T T T
Ą D Y X P O D R Ó Ż O W A Ć Ą G
```

TO CLOSE	ZAMKNĄĆ
TO COME	PRZYJŚĆ
TO DO	ZROBIĆ
TO DRINK	PIĆ
TO FIND	ZNALEŹĆ
TO HAVE	MIEĆ
TO HELP	POMÓC
TO LOOK FOR	SZUKAĆ
TO LOVE	KOCHAĆ
TO SELL	SPRZEDAĆ
TO SPEAK	MÓWIĆ
TO TAKE	BRAĆ
TO TRAVEL	PODRÓŻOWAĆ
TO UNDERSTAND	ROZUMIEĆ
TO WORK	PRACOWAĆ

VERBS 3

Languages typically have a mix of regular and irregular verbs. A regular verb has a predictable conjugation. An irregular verb has a conjugation that does not follow the typical pattern. In English, many of the most common verbs are irregular.

E	I	E	I	G	E	I	N	A	T	S	W	Ć	Y	B	H
D	Z	S	E	O	K	L	A	W	O	T	C	Y	R	Y	O
Ć	A	G	E	I	B	Ś	Ę	E	L	L	I	Z	Ń	Ć	G
E	W	W	E	Ć	S	I	I	N	E	A	E	C	E	E	O
I	D	N	A	V	S	E	O	W	A	Ć	V	Ń	D	J	T
C	Z	L	T	Ć	A	T	I	O	R	A	R	A	P	O	E
H	I	O	Y	E	W	E	Z	N	N	S	N	T	D	Z	L
C	Ę	Z	W	I	D	W	L	K	E	I	H	A	N	O	B
J	C	L	E	Z	E	S	M	O	Ś	P	N	T	Ń	S	A
U	Z	R	I	T	O	T	E	T	T	C	O	Y	D	T	E
E	A	E	J	I	I	S	N	O	E	B	A	O	N	A	B
Ć	Ć	I	P	U	K	R	G	I	U	L	R	A	T	W	O
Ę	A	I	Ś	Ć	C	I	W	Y	P	Ę	W	Ę	Ć	I	T
F	Ś	S	S	Ć	V	Ę	F	O	L	O	I	A	E	A	K
T	O	O	W	E	U	A	T	A	T	O	R	U	N	Ć	Ń
P	I	O	R	Ń	A	N	N	D	G	G	Ś	I	O	T	F

TO BE ABLE TO	BYĆ W STANIE
TO BUY	KUPIĆ
TO DANCE	TAŃCZYĆ
TO GIVE	DAWAĆ
TO GO	IŚĆ
TO KNOW	WIEDZIEĆ
TO LEARN	UCZYĆ SIĘ
TO LEAVE	ZOSTAWIAĆ
TO OPEN	OTWIERAĆ
TO OWE	ZAWDZIĘCZAĆ
TO PLAY	GRAĆ
TO RUN	BIEGAĆ
TO WALK	IŚĆ
TO WANT	CHCIEĆ
TO WRITE	PISAĆ

FOOD 1

One of the greatures pleasures of travelling to another country is sampling the local cuisine. Study the word list below so you can order with confidence.

```
O E N Ę P Ę T O W S C O W O T L
S E L B A T E G E V G Ż Ł I A S
Ę Ż Y R S A O S U B H G U S L P
I W E E T U E F L O U R E T A W
M S O A A E G C E C F T D D A M
E Ą E D H Y B A E T A A T R N L
T O K C A A K A R C Ł R H E O N
A K J A J L P A L Ł F O Ą I R A
L H A R I N A I N Ę R O C K A A
O O I M B W H S E Ą I S S U K S
C H R E E Ł Ę R R M C A N C A E
O W L A A H Ę Y M E E Ł I G M J
H H O H W T H P Ł L O A I O L Ę
C L Ą Ż N Z T L Y E E T T N Ł V
I Ę Ą I Ż N A D A L O K E Z C L
P Q W R N W A R Z Y W A O R M Ż
```

BREAD	CHLEB
BUTTER	MASŁO
CHEESE	SER
CHOCOLATE	CZEKOLADA
EGGS	JAJKA
FLOUR	MĄKA
FRUIT	OWOC
MEAT	MIĘSO
MILK	MLEKO
PASTA	MAKARON
RICE	RYŻ
SALAD	SAŁATKA
SUGAR	CUKIER
VEGETABLES	WARZYWA
WATER	WODA

FOOD 2

Want more? You have quite an appetite (for learning). Feast on this delicious buffet of mouth watering words.

D	A	K	Z	C	E	T	S	A	I	C	B	Ł	A	T	A
O	Ę	K	T	K	U	N	H	H	H	N	S	E	S	E	N
L	V	S	A	L	T	F	M	I	N	M	A	T	E	N	I
A	K	C	F	K	A	Z	C	R	U	K	A	T	I	C	C
N	R	S	W	E	O	K	R	N	E	Y	N	Ó	Ł	Ó	Ę
C	O	O	K	I	E	S	O	Z	R	P	E	I	P	A	I
Ł	P	U	I	N	N	B	M	A	L	T	P	N	H	T	N
G	N	P	W	L	L	O	H	M	R	Ó	R	E	O	F	G
O	H	F	B	O	A	A	A	U	Y	A	S	U	P	H	A
E	G	R	D	T	Ł	E	G	S	E	I	M	I	G	R	J
H	O	Y	S	P	R	O	E	Ó	O	D	W	O	Y	O	A
E	T	S	J	C	Y	T	W	A	Ó	O	B	D	R	C	J
N	S	R	E	E	B	T	P	I	E	E	T	E	A	O	R
I	A	C	L	Ę	L	U	M	A	N	H	S	O	N	O	V
W	I	E	P	R	Z	O	W	I	N	A	H	S	R	P	R
U	C	T	S	E	W	O	T	O	T	B	G	K	X	A	I

BEEF	WOŁOWINA
BEER	PIWO
CAKE	CIASTO
CHICKEN	KURCZAK
COOKIES	CIASTECZKA
HONEY	MIÓD
ICE CREAM	LODY
LAMB	JAGNIĘCINA
OIL	OLEJ
PEPPER	PIEPRZ
PORK	WIEPRZOWINA
SALT	SÓL
SOUP	ZUPA
WINE	WINO
YOGURT	JOGURT

FRUIT 1

A fruit is the part of a plant that surrounds the seeds, whereas a vegetable is a plant that has some other edible part. Tomatoes, cucumbers and peppers are three examples of fruit that are often classified as vegetables.

S	S	T	R	A	W	B	E	R	R	I	E	S	J	I	A
T	A	W	Ń	E	W	W	Ń	N	F	T	T	E	Ń	N	V
N	Z	A	P	R	I	C	O	T	A	E	R	S	O	A	Z
B	C	T	N	M	E	L	O	N	A	N	Y	R	T	Y	C
L	Ń	E	B	A	K	Ł	A	Ż	A	N	G	Ł	N	U	Ś
U	A	R	B	U	Z	R	I	T	H	O	A	N	H	E	L
E	R	M	L	L	G	P	N	K	N	M	R	N	C	D	I
B	A	E	Ł	E	T	Ż	I	I	W	A	U	Ś	A	S	W
E	M	L	M	W	U	T	W	N	O	A	L	L	E	S	K
R	O	O	Y	C	R	A	K	O	E	R	K	P	P	E	A
R	P	N	D	A	F	N	S	M	G	A	A	S	G	N	E
I	G	D	O	O	P	E	O	E	U	R	P	N	U	G	C
E	O	E	G	L	J	R	Z	L	G	H	A	P	G	R	E
S	G	R	A	P	E	F	R	U	I	T	Ń	N	L	E	T
H	G	F	J	L	R	M	B	Ś	M	V	Y	R	A	E	P
A	D	Ń	A	T	G	R	U	S	Z	K	A	I	R	T	E

APRICOT	MORELA
BLUEBERRIES	JAGODY
EGGPLANT	BAKŁAŻAN
GRAPEFRUIT	GREJPFRUT
GRAPES	WINOGRONA
LEMON	CYTRYNA
MELON	MELON
ORANGE	POMARAŃCZA
PEACH	BRZOSKWINIA
PEAR	GRUSZKA
PINEAPPLE	ANANAS
PLUM	ŚLIWKA
POMEGRANATE	GRANAT
STRAWBERRIES	TRUSKAWKI
WATERMELON	ARBUZ

FRUIT 2

There are more than 7000 different varieties of apples being grown around the world today. Check out our produce section below for some more fresh and tasty fruit.

```
C B W E G T O M A T O K Ł B A J
Z L Z I E L O N Y P I E P R Z I
E A F I Ś N A S E I R R E H C O
R C F K A N T A L U P A L D A T
W K I E A K I F L O B K P E N R
O B G B R N Y E O X A E P O T R
N E A R Y T H R W D N Z A O A H
A R R D E S F Ś P R A C P S L J
P R D O A E L I E A N A P Y O E
A I Ś U D I N D P F P B D C U Ż
P E Q F M I P P P U E A U O P Y
R S Ś O H E M O E R M K T L E N
Y N N C P W H O R P I P U Ł O Y
K K C P R T P I P N P X K Ł Ó Ł
A U E R S A E M I L O E Ó I S Ż
Z R Ś T I S M A L I N Y R N N H
```

APPLE	JABŁKO
BANANA	BANAN
BLACKBERRIES	JEŻYNY
CANTALOUPE	KANTALUPA
CHERRIES	WIŚNIE
FIG	FIGA
GREEN PEPPER	ZIELONY PIEPRZ
LIME	LIMONKA
PUMPKIN	DYNIA
RASPBERRIES	MALINY
RED PEPPER	CZERWONA PAPRYKA
SQUASH	KABACZEK
TOMATO	POMIDOR
YELLOW PEPPER	ŻÓŁTA PAPRYKA
ZUCCHINI	CUKINIA

VEGETABLES 1

A 2013 study estimated that up to 87% of people in the United States do no consume their daily recommended portion of vegetables. Here is a list of vegetables that you should probably be eating more of.

```
E F Y H E Ł M D Z E A L U B E C
O G Ł K C M T U T H C S O F I A
B O A M E A R O K A P U S T A U
U B B B T N N B R B E I T Q H L
R W H O B H S I R R E E E T H I
A S E O T A T O P O A A E I E F
K A R C Z O C H Z S K C B Q S L
I S I Ż H C S V Ż C W U S A E O
R G K U O Z S U C Ż E F Ł C K W
O P A L Y E M E G K H S I Y O E
I O I R A R L H A A C L T R H R
F N N S A E P N E E R G L E C I
A I M J R P I H L A A A Ł L I H
L O E Y U P Z A G A M Ł P E T N
A N I S Z E K S A Ł A T A S R H
K E Z S O R G Y N O L E I Z A L
```

ARTICHOKE	KARCZOCH
ASPARAGUS	SZPARAGI
BEETS	BURAKI
BROCCOLI	BROKUŁY
CABBAGE	KAPUSTA
CARROT	MARCHEWKA
CAULIFLOWER	KALAFIOR
CELERY	SELER
GARLIC	CZOSNEK
GREEN PEAS	ZIELONY GROSZEK
KALE	JARMUŻ
LETTUCE	SAŁATA
ONION	CEBULA
POTATOES	ZIEMNIAKI
SPINACH	SZPINAK

HOUSE

There's no place like home. Below is a list of words that are related to house and home.

```
K M O O R G N I V I L O E T S L
A I J N W A L Y T C I K X A R L
N W T I T R C G Ó P N N L K T O
E Z Ł C S A H P E S U O H U A Ł
B Ł B A H G B C O Ł N J A C D E
B A S E M E N T F D S A R H T D
M P T L D E N P O T J D Ż N T I
Ó A K H F R N O I Ł T A T I Ł N
V R I T R T O T D W P L Z A T I
C T N N L O F O O R N N Z D A N
T M W L L I O D M S A I A H O G
V E A H O A N M Ó P E A C E R R
Ó N R C E I I E Ż N Ż A R A G O
O T T O W N E P K R D Ł Ó Ż K O
E D R I V E W A Y E Y O O O F M
W V R L I C M I E S Z K A N I E
```

APARTMENT	MIESZKANIE
BASEMENT	PIWNICA
BATHROOM	ŁAZIENKA
BED	ŁÓŻKO
BEDROOM	SYPIALNIA
DINING ROOM	JADALNIA
DRIVEWAY	PODJAZD
FENCE	PŁOT
GARAGE	GARAŻ
HOUSE	DOM
KITCHEN	KUCHNIA
LAWN	TRAWNIK
LIVING ROOM	SALON
ROOF	DACH
WINDOW	OKNO

AROUND THE HOUSE 1

It is estimated that one tenth of all furniture purchased in Britain comes from IKEA. Perhaps you have assembled a few of these items yourself.

```
P I T E F I R E P L A C E I E D
L B H S W I M M I N G P O O L O
O E E L E Ó X Ż E M N I Ł L A N
Ł Y D O H C S S T Ó Ł S D A R T
W M U K X I A N V A C U U M E E
E Ł W E E B A Z E F I S R P I L
Ł Ó T N W Ó A T A D H Z R L L I
O M W I F S Ó T E O E A G O E O
E C A M Ł I E D H C C R D D D T
H A N O E L C D O T U K K N N N
E A N K A L R U G E U A E A A L
N Y A O A E B Ó R R K B F R H Ó
A F T M S Ł D A Z T R Ó K Y C N
W D P S S R I A T S A D T Ż D D
Y A E N I H C A M G N I H S A W
D R Y E R Z A K L A R P N L M F
```

BATHTUB	WANNA
CARPET	DYWAN
CHANDELIER	ŻYRANDOL
CURTAIN	ZASŁONY
DRESSER	KREDENS
DRYER	SUSZARKA
FAUCET	KRAN
FIREPLACE	KOMINEK
LAMP	LAMPA
SWIMMING POOL	BASEN
STAIRS	SCHODY
TABLE	STÓŁ
TOILET	TOALETA
VACUUM	ODKURZACZ
WASHING MACHINE	PRALKA

AROUND THE HOUSE 2

Here is a list of some more common household items and modern conveniences. Search the grid for the words listed below

```
R O R R I M R O T A L Y T N E W
D I S H W A S H E R A O T X M C
Ó J Ł P H T E M C D K C H A I R
G A S Ó Y T O K R U I B T A R Ł
P W F D Ż R C H I M N E Y T O C
S O P A E E Y L B N R Ó F F T I
C L D H Z S C S O A R L S N A N
E L Ł U A S K Z C S T A I A R Z
I I U O S L W M K A E M K T E S
L P V S E Z L Y K O O T N E G Y
I E T I T Ł K W N K Ł Ł I E I R
N W O N U R Ó A A Ż S N O E R P
G R T K E D O R P Y E N G L F M
F R E W O H S K E G Z X Z L E W
A N E L I Z R A T Y R O K T R E
N L E X V M S N Y Ó K S Ł B Ó S
```

CHAIR	KRZESŁO
CEILING FAN	WENTYLATOR sufitowy
CHIMNEY	KOMIN
CLOSET	SZAFA
CRIB	ŁÓŻECZKO
DESK	BIURKO
DISHWASHER	ZMYWARKA
HALLWAY	KORYTARZ
MATTRESS	MATERAC
MIRROR	LUSTRO
OVEN	PIEKARNIK
PILLOW	PODUSZKA
REFRIGERATOR	LODÓWKA
SHOWER	PRYSZNIC
SINK	ZLEW

AT THE TABLE

Table setting etiquette dictates that the forks be placed on the left hand side of the plate and knives on the right. Here are some items that you might find on your table, probably in the wrong location.

```
C Ł Y Ż K A K Z C E Ż Y Ł R M M
D M F Ł Y Ż K A S T O Ł O W A H
L I O O P L A T E C I K I Q A T
U N J L R E P P E P R N R Ó T O
E U W U F K G L I W E I T Ł A L
E T E G M R E T Ó G R F H Ó B C
Y H T O P D C E L S N E N H L E
S H D O I H S A M V A A S W E L
D Ż T W E S S S I E P Z O F S B
Y Ż J R P S P P S T K B X S P A
T A L E R Z O O K L I E A O O T
L Z E Ł Z D O O A H N L B Ż O E
Y U Ł I Z T N N T Ó G R Z U N L
A S Ó B S G K H Ż P U U P S K I
O S A L T A E O G S R D M T E G
A N I W O D K E Z S I L E I K R
```

BOWL	MISKA
FORK	WIDELEC
GLASS	SZKLANKA
KNIFE	NÓŻ
MUG	KUBEK
NAPKIN	SERWETKA
PEPPER	PIEPRZ
PITCHER	DZBAN
PLATE	TALERZ
SALT	SÓL
SPOON	ŁYŻKA
TABLECLOTH	OBRUS
TABLESPOON	ŁYŻKA STOŁOWA
TEASPOON	ŁYŻECZKA
WINE GLASS	KIELISZEK DO WINA

TOOLS

Time to get out the tool box and do some repairs on our vocabulary. Try to hammer a few of these words and their translations into you brain.

```
L E V E L E W I E R T A R K A A
L C A L L T H E E H K R H P Ś Ę
A O I I I Ź C H Ź D Ź Ó W G L E
D R A N H P S Ó A K R A I M A O
D R W Ś Y A Ł Ł B N E T I Ł E M
E T I Z W H K L U C Z E Ó A L N
R R C T L D C T R Ł S Ź Ź Ł Ź P
U Z A L O S T N Ś H O C A I V O
S A W P H N A R E D Ę O R P H Z
A Ł K S Ó K U F M R R G S E K I
E Ś R E R B E Ł N H W A A N W O
M Ó Ę Ę O E O W A I A E B C R M
E H T K I T I L Ó Ź L M E I A I
P K R H N A I L T Ł N H M L N C
A Ę E M N Ź A Z P A O T L E Z A
T F S M S C R E W D R I V E R H
```

BOLT	ŚRUBA
DRILL	WIERTARKA
HAMMER	MŁOT
LADDER	DRABINA
LEVEL	POZIOMICA
NAIL	GWÓŹDŹ
NUT	NAKRĘTKA
PENCIL	OŁÓWEK
PLIERS	SZCZYPCE
SAW	PIŁA
SCREW	WKRĘT
SCREWDRIVER	ŚRUBOKRĘT
TAPE MEASURE	MIARKA
WASHER	PODKŁADKA
WRENCH	KLUCZ

CLOTHES 1

Globally there are 1.2 billion pairs of jeans sold annually. That is a lot of denim! Take a look at this list of other common articles of clothing.

```
D O W E D H J D O Ż Ż S N K T Ę
R I M A I A R S F R D Ż Ż S Z I
E K Ł R A N C E S D I E M K Ę K
I T C D P Ż D B H W M H I P F N
F E T Z S E V O L G E D Ł R R E
R P O P A E M R P P R T R O A D
Ę R V V S P D H A S I J E E C O
K A B T Ł O K T S E S Ż T R S P
A K L E Z I M A K O R F A L Z S
W S Z A L I K B K X C Ż E M P L
I G K E I T K C E N Y K W T A N
C U C R N M S U S S E W S P J T
Z C Z S A Ł P Y A E O I A A A S
K A O A W W Ę I P O I N K O M T
I H M D M S A B A H T A C U A H
R H G N H B U T Y S T R O H S T
```

BATHROBE	SZLAFROK
BELT	PASEK
COAT	PŁASZCZ
DRESS	SUKIENKA
GLOVES	RĘKAWICZKI
HAT	CZAPKA
NECKTIE	KRAWAT
PAJAMAS	PIŻAMA
PANTS	SPODNIE
SCARF	SZALIK
SHOES	BUTY
SHORTS	SPODENKI
SOCKS	SKARPETKI
SWEATER	SWETER
VEST	KAMIZELKA

CLOTHES 2

More than 2 billion t-shirts are sold each year! How many of these other items can be found in your closet?

```
A T S A S T A N I K L E Z S H S
K O S T I U M K A P I E L O W Y
O L W E O N S L R T R I H S R T
S W I C S O A P H A U A Q U I U
Z J M A T P B R E A G F Z G S B
U V S L Ł F Ó W B N F N A U T B
L C U K S Ó R D I U D R E E W R
A G I C J E Ż H N U N E L M A A
Ż N T E D I T Ł D I T E R U T N
E Z A N N O K N T S C U E S C Z
S N U S L A E U W A T A L Z H O
S K Y C W L R W R I R A E K A L
H Ł I G T T A B U B D S Ł A T E
H M D R G Ł G S A N D A Ł Y A T
R B O W T I E N A S Z Y J N I K
H U Ż O I E Z S B I E L I Z N A
```

WRIST WATCH	ZEGAREK
BOOTS	BUTY
BOW TIE	MUSZKA
BRA	STANIK
BRACELET	BRANZOLETKA
CLOTHING	UBRANIA
JEANS	DŻINSY
NECKLACE	NASZYJNIK
SANDALS	SANDAŁY
SHIRT	KOSZULA
SKIRT	SPÓDNICA
SUIT	GARNITUR
SUSPENDERS	SZELKI
SWIM SUIT	KOSTIUM KAPIELOWY
UNDERWEAR	BIELIZNA

GETTING READY

The majority of people take less than half an hour to get ready in the morning. Some can be ready in less than 5 minutes, whereas some take over an hour. Here is a list of things that might be a part of your morning routine.

```
N I Ć D E N T Y S T Y C Z N A Ę
O E O Ł D Y M U F R E P Ó D I Ł
P P W Ó B Ę Z O D A T S A P N C
M A U D Ę Ł D M P E R F U M E O
A O E E H A K D A M O P Ł Ń L N
Z S T O K S K O T K Y N E A O T
S U S D O A U Z N I I I G K G A
V S A O N P M R C T B J C W O C
T Z P R L N M R B E A I A Y D T
O A H A U F A A Z H T K Ę Ż P L
Ó R T N B Z L R H S T O T D E E
Ż K O T O M G A P S R O Z O A N
E A O R E N O I T I D N O C W S
E Ł T Ż Y H L C Ł N Z E N T Z E
T Ó L H A I R D R Y E R U P E S
L B T N A R O D O Z E D M W Ł C
```

COMB	GRZEBIEŃ
CONDITIONER	ODŻYWKA
CONTACT LENSES	soczewki KONTAKTOWE
DENTAL FLOSS	NIĆ DENTYSTYCZNA
DEODORANT	DEZODORANT
HAIR DRYER	SUSZARKA do włosów
LIPSTICK	POMADKA
MAKEUP	MAKIJAŻ
PERFUME	PERFUMY
RAZOR	maszynka DO GOLENIA
SHAMPOO	SZAMPON
SOAP	MYDŁO
TOOTHBRUSH	SZCZOTECZKA do zębów
TOOTHPASTE	PASTA DO ZĘBÓW

PLACES 1

Places to go and people to see. Here are some places that you might visit around town.

```
E T L A T A R N I A M O R S K A
M H E U T E K R A M R E P U S M
U P O K E N R B E T S N I O T O
E O K S R O E G E U W O E S A S
S C S U P A D M O C L F N T C T
U Z I F F I M H T S I Y L A J R
M T N F R I T R T R W F Ł D A A
R A T B F H N A E O A O F I K Ż
N M O N G O D S L P K P R O O P
S U L I R I T D C Z U P E N L O
M Z L H U A N S S H O S Ł D E Ż
T E P M T A O V O R O R G P J A
L U H I H B A R T P R O E T O R
B M O M T U Ż R U O Z P L B W N
D N O I T A T S N I A R T E A A
O D A R O Ł L T H R B H B A U R
```

AIRPORT	LOTNISKO
BAR	BAR
BRIDGE	MOST
DEPARTMENT store	DOM HANDLOWY
FIRE STATION	STRAŻ POŻARNA
HOSPITAL	SZPITAL
LIGHTHOUSE	LATARNIA MORSKA
MUSEUM	MUZEUM
OFFICE	BIURO
POST OFFICE	POCZTA
SCHOOL	SZKOŁA
STADIUM	STADION
SUPERMARKET	SUPERMARKET
TRAIN STATION	STACJA KOLEJOWA

PLACES 2

The weekend is finally here. Where to you feel like going tonight? Here are some more places you can visit.

```
A A W P M O L H T N A T S L K T
Z K C A A W H I S K L E P A H H
U O A R P O H R B C S H W E H E
N M S K T F U E M R A I A H S C
I E T E E T E E Y R A T E M E C
W N L M K T N J M R E R T E O I
E D E A A T O A N R I E Y S I S
R A Y Z A K C I R B O H R U L T
S P B R R Y A I L U T B E O E C
Y O Z A F K N A B B A O R H T R
T L P U N I V E R S I T Y A O S
E I A M S K M H S E R B S R H I
T C O F F E E S H O P O E E H F
S J E C F G E F P T E O T P R D
U I N O I T A T S E C I L O P E
T E A T R E S T A U R A C J A G
```

BANK	BANK
CASTLE	ZAMEK
CEMETARY	CMENTARZ
COFFEE SHOP	KAWIARNIA
HARBOR	PORT
HOTEL	HOTEL
LIBRARY	BIBLIOTEKA
OPERA HOUSE	OPERA
PARK	PARK
PHARMACY	APTEKA
POLICE STATION	KOMENDA POLICJI
RESTAURANT	RESTAURACJA
STORE	SKLEP
THEATER	TEATR
UNIVERSITY	UNIWERSYTET

ON THE ROAD

Road trip time! Hop in your car, turn up the music and hit the open road. Make sure you study this list of road worthy translations before heading out.

```
I N L M Ó T H Ó A L O M P E N K
D S T O P S I G N A S A T R O T
T L P T T T O E Z N A K S T O P
R P A O S R V T N E D I C C A T
A A S R D U A H E R N U T R Ż Ę
F R R C T C Ż F G N P T K H E S
F K U Y D K M Ż F A R I Z L P A
I I C C G A S O L I N E I R K W
C N H L H U O I T G C B U W E O
L G U E B U W R L O O N Ó A D N
I I W T Ę O L O N M C R Ó A A Y
G A S S T A T I O N A Y I D P Z
H O T I E E L T C Ż E E K P Y N
T A U T O B U S Ę Z W R A L W E
A Ś A J C A Z I L A N G Y S E B
Ę T S A M O C H Ó D Ż Y X L W Ś
```

AUTOMOBILE	SAMOCHÓD
ACCIDENT	WYPADEK
BUS	AUTOBUS
GAS STATION	stacja BENZYNOWA
GASOLINE	PALIWO
LANE	PAS RUCHU
MOTORCYCLE	MOTOCYKL
PARKING LOT	PARKING
ROAD	DROGA
STOP SIGN	ZNAK STOP
TRAFFIC LIGHT	SYGNALIZACJA świetlna
TRAFFIC	RUCH ULICZNY
TRUCK	CIĘŻARÓWKA

GETTING AROUND 40

There are many interesting ways of getting from A to B. Which mode of transportation will you choose?

```
A I R P L A N E R Ż C A D F Ż B
Ś K E K G E T R T A Ą Ż T O T T
Ź C N W Ó Ł F R F O D I C D P P
D A I A Ó P O I A W S I C R Ą O
T Ż N M A O S Z R I Ó A O Ł Ź D
N A M B U L A N C E N M Ó W Ś U
D R B U T I M S R O T D E M Ó S
E T I L G C O Y E B Ź R I T U Z
E S C A Ą E L Ł V P F G U B R K
N Z Y N I C O Ó O R Ł R W C A O
Ż Ó C S C A T D H O K A J A K W
L W L E O R W Ź W W Y R R E F I
T R E T P O C I L E H G F M T E
Ó H A H D O E N I R A M B U S C
Ż O F N S C H O O L B U S N O N
B Ż A U T O B U S S Z K O L N Y
```

AIRPLANE	SAMOLOT
AMBULANCE	AMBULANS
BICYCLE	ROWER
BOAT	ŁÓDŹ
CANOE	KAJAK
FERRY	PROM
FIRE TRUCK	WÓZ STRAŻACKI
HELICOPTER	ŚMIGŁOWIEC
HOVERCRAFT	PODUSZKOWIEC
POLICE CAR	RADIOWÓZ
SCHOOL BUS	AUTOBUS SZKOLNY
SUBMARINE	ŁÓDŹ PODWODNA
SUBWAY	METRO
TANK	CZOŁG
TRAIN	POCIĄG

LANGUAGES 1

Here are some popular languages from around the world. Maybe you already know one or two of them.

```
R Ł W F E M A N D A R Y Ń S K I
J E S E U G U T R O P L N A K I
G A N A V A W I E T N A M S K I
P P P G E O Y N N Q E N Ń S O S
C O U O L N A A F R U A J P R I
E L L S Ń I I R O A P A E A E P
A S J I L S S K A Z R I N N A O
F K O A S A K H S B A E A I Ń R
O I T U P H W I E L I L M S S T
I I R E R A H H K I E C R H K U
G K I F R A N C U S K I E W I G
R S Ń R H C N E R F O C G F T A
E B D R O S Y J S K I Ł E N R L
E A Ń V O H E B R E W O W R A S
K R M T V I E T N A M E S E G K
M A N D A R I N I E M I E C K I
```

ARABIC	ARABSKI
ENGLISH	ANGIELSKI
FRENCH	FRANCUSKI
GERMAN	NIEMIECKI
GREEK	GRECKI
ITALIAN	WŁOSKI
JAPANESE	JAPOŃSKI
KOREAN	KOREAŃSKI
MANDARIN	MANDARYŃSKI
POLISH	POLSKI
PORTUGUESE	PORTUGALSKI
RUSSIAN	ROSYJSKI
SPANISH	HISZPAŃSKI
HEBREW	HEBRAJSKI
VIETNAMESE	WIETNAMSKI

PROFESSIONS 42

Statistics suggest that the average person may change careers 5-7 times in their lives.
Thinking about a change? Why not try one of these great professions?

```
E R R H A K N Ż H A S F E H C P
R L O P R A W N I K I P N T O N
O D E T S A C T O R S R O L U A
T E T C K Y K H E Y R L I R K U
C N N C T A C F C E I C S R P C
O T C Z Ż R I H I P E E A O O Z
D I C A R G I N I O O I T D L Y
H S R E H A Y C F A N C K E I C
M T A T T Ż H F I G T A E N C I
S Z E R N I I C Ę A P R T T J E
M R A I Ę C H L U O N P I Y A L
L A W Y E R E C G K R E H S N O
Ż L R R E I U N R T N N C T T S
T O L I P R E H C A E T R A R U
S T W T R E E N I G N E A L E Ę
A S Z R A K E L E K T R Y K S T
```

ACTOR	AKTOR
ARCHITECT	ARCHITEKT
CARPENTER	STOLARZ
CHEF	KUCHARZ
DENTIST	DENTYSTA
DOCTOR	LEKARZ
ELECTRICIAN	ELEKTRYK
ENGINEER	INŻYNIER
FIRE FIGHTER	STRAŻAK
LAWYER	PRAWNIK
NURSE	PIELĘGNIARKA
PILOT	PILOT
POLICE OFFICER	POLICJANT
PSYCHIATRIST	PSYCHIATRA
TEACHER	NAUCZYCIEL

PROFESSIONS 2

What did you want to be when you were growing up? Was it one of these professions?

```
E K Y Z U M N P O L I T Y K L E
C E I W O K U A N F L O R I S T
I T F L O R Y S T A R E C N A D
N E E B U P O L I T I C I A N T
A L F H A A R U E C H E S H I N
H H E A T R R O A T I W C C T A
C T E R L A B D F R R A R E A T
E A U T E M E E Y E T I N M R N
M N A Y T E L K R H S I A O I U
R C T S A D S C R R K O S K U O
E E A T S I T N E I C S R T S C
B R I A Ę C K B N N E A G R Z C
R Z L G R T M Ź Ę F W Ę S E O A
A I O K H U E W O I Ź E G A O L
B W R A L Z H R E H C T U B E E
Y O N P R A P C I B S O T F O X
```

ACCOUNTANT	KSIĘGOWY
ARTIST	ARTYSTA
ATHLETE	ATLETA
BARBER	BARBER
BUTCHER	RZEŹNIK
DANCER	TANCERZ
FLORIST	FLORYSTA
MECHANIC	MECHANIK
MUSICIAN	MUZYK
PARAMEDIC	SANITARIUSZ
PLUMBER	HYDRAULIK
POLITICIAN	POLITYK
PROFESSOR	PROFESOR
SCIENTIST	NAUKOWIEC
TAILOR	KRAWIEC

45

PROFESSIONS 3

There are thousands of unique and challenging careers out there to choose from. See if you can locate the following careers in the grid below.

```
Ó T Z R A K I N N E I Z D R N E
A T R M A I L C A R R I E R N K
Z R E I N Ł O Ż H E Ł V T T A O
Ł R N U Ł A R A D H I F T B T T
T Ż E Ł T E M N E R O A Y Ł H E
A Z D L M R E R D S P R U W A W
R E R R E T A I A K H M L E A Ł
E W A A R W X N I B A A I T E I
I F G A K A E N S C R C S E R A
D N B O T W L J Z L M E T R E P
L B F I A O Ó T H R A U O Y L Ł
O N A M R E H S I F C T N N I M
S O G R O D N I K L I A O A B Ł
N I N A E N O H F A S E S R U E
Ó J O U R N A L I S T D Z Z J A
G W V N A I R A N I R E T E V V
```

BARTENDER	BARMAN
FARMER	ROLNIK
FISHERMAN	RYBAK
GARDENER	OGRODNIK
JEWELER	JUBILER
JOURNALIST	DZIENNIKARZ
MAIL CARRIER	LISTONOSZ
PHARMACIST	FARMACEUTA
SOLDIER	ŻOŁNIERZ
TAXI DRIVER	TAKSÓWKARZ
TRANSLATOR	TŁUMACZ
VETERINARIAN	WETERYNARZ

SOLAR SYSTEM 45

In 2015, the New Horizons spacecraft successfully completed the first flyby of dwarf planet Pluto. There is still so much to see and explore in our own solar system. Here are some key words from our celestial backyard.

```
Ń R A D I O R E T S A T L H N S
C S H P D R L A U Ż S O Ń E E V
G O E R E T A R K O M E T A J E
K L L T U Ń N F N W E N U S A N
Ę A A T U R A N U S E L J T Ń U
T R S E U E A T T P L U T O O S
C S E T C M N N T T P Ł H J Ł R
N Y A P E E Ł U N I H J T O D A
S S R L A R N E T Q U O Ń E S M
Ń T T U Ę K O E Z P O C C O D N
R E H T C U R I I I E R Y F T L
D M Ę O N R A T D K E N Ż E N S
T E M N U Y E A S O Ł M Ę S T E
O E Ł O S R A M Y E S V I Ń A R
T X P N O N N N R U T A S A O F
Y N Z C E N O Ł S D A Ł K U T E
```

SOLAR SYSTEM	UKŁAD SŁONECZNY
MERCURY	MERKURY
VENUS	WENUS
EARTH	ZIEMIA
MOON	KSIĘŻYC
MARS	MARS
JUPITER	JUPITER
SATURN	SATURN
URANUS	URAN
NEPTUNE	NEPTUN
PLUTO	PLUTON
SUN	SŁOŃCE
CRATER	KRATER
ASTEROID	ASTEROIDA
COMET	KOMETA

47

MUSICAL INSTRUMENTS 46

Here are some musical instruments to get your foot tapping and your hands clapping.

```
T R U M P E T V L T R I V A N A
H E E F S S N H H O E A H C Ę F
A G V L T E N O H P O X A S Ę R
R N I E E E P A B U N B Ę K Z F
M D O T A H R I T M U L T R E T
O A L F A M E E P T O R R Z Ą A
N E I Y O R T E K G Ą R J Y E M
I U N N N S A G S B A E T P N B
J Ą I O O B K A K M E B N C I U
K C Z Ą I Ą Ę A F L U T E E R R
A U Ą N N D G B S N L R Y D U Y
P N G A A U R E A K O R D E O N
I V E P I A N O L L E C U I B F
S Y R T P N H S C I N A D N M J
A A A W I O L O N C Z E L A A T
H R W U A Q H A R F A A B U T Ą
```

ACCORDION	AKORDEON
BAGPIPES	DUDY
CELLO	WIOLONCZELA
DRUMS	BĘBNY
FLUTE	FLET
GUITAR	GITARA
HARMONICA	HARMONIJKA
HARP	HARFA
PIANO	PIANINO
SAXOPHONE	SAKSOFON
TAMBOURINE	TAMBURYN
TROMBONE	PUZON
TRUMPET	TRĄBKA
TUBA	TUBA
VIOLIN	SKRZYPCE

EMOTIONS

This puzzle might make you happy, angry, or maybe even a little confused. See if you can complete this very emotional puzzle by finding all of the words in the grid.

```
Y Y R S D E S I R P R U S Z Ł Y
P N R H Y W I L Ś Ę Z C Z S N O
A O O Y N O I B U G A Z I T C H
R I D Z R S W A E Y U D U Y A A
B W B E D E A S R I Y M N P Y A
O T Y M K U M G A N S A P N N J
R R W O L S N B O D W Y O Y M C
E A I T T A C Z A O E Z N H U O
D M L I A N S Y W R D T N W D M
E Z D O V A E R T Y R E I T E E
I I Y N R S E D T O R A R C E P
R N T T E N U S I V W A S A X E
R D S I E O W Ę O F Ś A Ś S C E
O Y W D R A E U S N N I N S E S
W G Z P Z A S K O C Z O N Y J D
A A V Ę T D E S U F N O C U D Ł
```

EMOTION	EMOCJA
HAPPY	SZCZĘŚLIWY
SAD	SMUTNY
EXCITED	PODEKSCYTOWANY
BORED	ZNUDZONY
SURPRISED	ZASKOCZONY
SCARED	WYSTRASZONY
ANGRY	ZŁY
CONFUSED	ZAGUBIONY
WORRIED	ZMARTWIONY
NERVOUS	ZDENERWOWANY
PROUD	DUMNY
CONFIDENT	PEWNY SIEBIE
EMBARRASSED	ZAWSTYDZONY
SHY	WSTYDLIWY

ILLNESSES

If you are feeling any symptoms of the following conditions it might be time to visit the doctor. When you are feeling better the words below are waiting to be found.

```
L Ę E N B T Ś O B A S T R O K E
N C Ó O O D T V B A A P Ę D A H
C M D Ł O Ś C I C O L D M I P G
A U L F T E E L T E E L N A Y U
N S K A R G H O A Z L F E R R O
Z A O R U S W C C E E N R R G C
R H A N Z T Ę R A C Z A E H G O
T Ś K O Z Y U T T D S U V E H Y
E A Z S F K C I I H A S E A I H
I I C E S Ą O A J C K E F N I T
W G Ą B O N B T V J S A H A Ą W
A R R L Ó E Y W O Ł G L Ó B C Y
P E O E T Ó Ś D N W Y S Y P K A
S L G E L B H U D A R M Ó Z G U
O A S D G Ł X O P N E K C I H C
Ś E P R Z E Z I Ę B I E N I E O
```

ALLERGY	ALERGIA
CHICKENPOX	OSPA WIETRZNA
COLD	PRZEZIĘBIENIE
COUGH	KASZEL
CRAMPS	SKURCZE
DIABETES	CUKRZYCA
DIARRHEA	BIEGUNKA
FEVER	GORĄCZKA
FLU	GRYPA
HEADACHE	BÓL GŁOWY
INFECTION	INFEKCJA
NAUSEA	MDŁOŚCI
NOSEBLEED	KRWOTOK Z NOSA
RASH	WYSYPKA
STROKE	UDAR MÓZGU

ILLNESSES 2

Study these maladies so you can develop a healthy bilingual vocabulary.

```
K Y I E M O Ó E A A S P M U M E
A E H C A H C A M O T S A G T Ł
M S D T A S E H P A D A C Z K A
C Ł T A B Ó T K N W O R O Ó C E
O R E M P S M Ł W O P L Ą M A I
N S T I A Y J I U I A A R Ś T C
C I U G K Ą W L G C R O R Ą T Ę
U B U R N B Ó L B R Z U C H A I
S E L A I T I S E C E E S U T N
S R L I W V A Ą I P N N N Ł R H
I U I N Ś R I Ę Ś N I I A I A C
O T N E D I C C A O E L A C E I
N C A O E I N A M A Ł Z E R H W
Ś A C R E S K A T A D W A P P Z
B R U I S E W A M E A S L E S S
Ś F T Ą C N N G E Ę O J E H B Y
```

ACCIDENT	WYPADEK
ASTHMA	ASTMA
BRUISE	STŁUCZENIE
BURN	OPARZENIE
CONCUSSION	wstrząśnienie MÓZGU
CUT	ROZCIĘCIE
EPILEPSY	PADACZKA
FRACTURE	ZŁAMANIE
HEART ATTACK	ATAK SERCA
MEASLES	ODRA
MIGRAINE	MIGRENA
MUMPS	ŚWINKA
SPRAIN	ZWICHNIĘCIE
STOMACH ACHE	BÓL BRZUCHA
VIRUS	WIRUS

QUESTIONS 50

Here are some basic questions and terms that you might hear frequently used in any language. Why? Because. Find these questionable terms and phrases below.

```
Y H T O W O G E Z C A L D U C O
Ż T P T H H O H O W M U C H Z S
A V W O E Ż A U H O W M A N Y C
M N Y T N H C T Ó H A U K A M T
W E A D Ż I R V T H E T W I O P
H M D G E Ó E S K I Ó Ó S Ż Ż R
E P A B J I O W J R M S E O E T
R L I H Z A K A A N E E E R S C
E E E D R L K G C Ż T B I B Z W
O H G I O A O D S U E A G S M H
Y U T Ż W D F E A C T T S Y I A
O O H W Z K I W A L I S Q H P T
S Y N I I T A U O Y E R A W O H
D N N C R I S J T H Q K H E M A
O A K L I E J A K D U Ż O O Ó H
G C T I Ó N Q D S S N E Ó E C Q
```

BECAUSE	PONIEWAŻ
HOW	JAK
HOW ARE YOU	CO U CIEBIE
HOW FAR	JAK DALEKO
HOW MANY	JAK WIELE
HOW MUCH	JAK DUŻO
CAN YOU HELP ME	CZY MOŻESZ MI POMÓC
WHAT	CO
WHAT TIME IS IT	KTÓRA GODZINA
WHEN	KIEDY
WHERE	GDZIE
WHO	KTO
WHY	DLACZEGO

AT A RESTAURANT

Table for two? Welcome to our Learn with Word Search restaurant. On the menu are the following helpful and delicious restaurant related words. Enjoy!

```
M V L N E I N A D A I N Ś T S L
G E H T E Ć B I P T H I Ś E Y P
P K E L N E R P W I O B I A D R
R A C H U N E K V A R A L I E Z
D T T O J T A H N E T L L S A Y
A A V I I A K P T A I R E E Ś S
N E E Z R I F I Ó B F D A Ł T T
I S E E E E A I E J U B I K D A
E R N P T W S H C N U L K U T W
G U A I T T T T E B T J T Ł P K
Ł O P W K R H M R H I E E Ć W A
Ó C I E Ł P E C S O E T W Ś E E
W N W R D N A S N O O O R Ł Ć C
N I E R E W H N S U O M E N U O
E A K S W O W I N E L I S T S Ć
G M I T R R E N N I D R I N K T
```

APPETIZER	PRZYSTAWKA
BREAKFAST	ŚNIADANIE
DESSERT	DESER
DINNER	OBIAD
DRINK	NAPÓJ
EAT	JEŚĆ
LUNCH	LUNCH
MAIN COURSE	DANIE GŁÓWNE
MENU	MENU
NAPKINS	SERWETKI
RESTROOMS	TOALETA
THE BILL	RACHUNEK
TIP	NAPIWEK
WAITER	KELNER
WINE LIST	KARTA WIN

AT THE HOTEL

After that delicious meal it is time to head back to the hotel and relax. Here is a list of hotel words that might help give you a good night's sleep.

```
Ć P Y T N E M A T R A P A D B E
E A A R R E C E P T I O N Ó A A
G N Z P A J Z I W E L E T W G W
M O S D I E A R V O Ć B O Ó A A
Ł S D U A E R I C R R L T K Ż J
K I T M I K R S N U E O E E G C
Ł Ł O E C T Z T T T I S R Y Ę P
H O W C K C E S O L E Ę M H E E
R W E V U N I H E A C R S O C C
N N L L R D A T V Z L Ó N T O E
F I K E T G P L N R R E T E K R
G A T O U A L I B L L P T L T U
L N N Ł P O K Ó J E T E E O S Ł
I O S E G A G G U L D G T I W T
D B R G E T E L E V I S I O N Y
O K Ż Ó Ł R V H Ż E H G R O H N
```

BED	ŁÓŻKO
BLANKETS	KOCE
DO NOT DISTURB	NIE PRZESZKADZAĆ
GYM	SIŁOWNIA
HOTEL	HOTEL
INTERNET	INTERNET
KEY	KLUCZ
LUGGAGE	BAGAŻ
RECEPTION	RECEPCJA
ROOM	POKÓJ
ROOM SERVICE	OBSŁUGA HOTELOWA
SUITE	APARTAMENT
TELEVISION	TELEWIZJA
TOILET PAPER	PAPIER TOALETOWY
TOWEL	RĘCZNIK

SUBJECTS

Were you a good student? Here are some subjects that you may have studied long ago, or may be learning right now. Study these challenging subject translations.

```
S T E P H I L O S O P H Y T T Ę
A E K O N O M I A G W R A R A S
U Ż M O L U B I O L O G I A C M
I A K Y Z I F U H T A M H I F E
K W K Y Y A G P S K E G M I S D
Y M K Y R T H I U I E O L Q H Y
Z A E G T Y H A S O N O O L P C
Ę M O D S A N I G O Z E Ż H B Y
J E S I I T M R C O T C S I I N
G Y C N M C A E F C S B O S Z A
R S I N E P I I T E H L H T N K
C M E L H J A N I A O E D O E U
O H N Y C A E Y E G M D M R S T
N W C I S U M Ż Y D O T Q I N Z
T S E G A U G N A L Y E L A A S
G N I R E E N I G N E H T R U W
```

ART	SZTUKA
BIOLOGY	BIOLOGIA
BUSINESS	BIZNES
CHEMISTRY	CHEMIA
ECONOMICS	EKONOMIA
ENGINEERING	INŻYNIERIA
GEOGRAPHY	GEOGRAFIA
HISTORY	HISTORIA
LANGUAGES	JĘZYKI
MATH	MATEMATYKA
MEDICINE	MEDYCYNA
MUSIC	MUZYKA
PHILOSOPHY	FILOZOFIA
PHYSICS	FIZYKA
SCIENCE	NAUKA

MATH

Math. Some people love it, and some people hate it. Add these words to your vocabulary and multiply your language skills.

```
N U P H E T E D E I N E Ż O N M
Y Ł G E L O N W Ó R N R E L U R
R A S F R A C T I O N G T L Ł E
T M E U I P T T I G A E T G D Ó
E E E I B K E S L R D I S H Z A
M K R I N T I N I O P S Y S I R
O S Ó A N V R T D L W Ł E N E Y
E A W D I A H A I I D K H N L T
G E N D P M W C C A C C O O E M
N E A I E A A O P T Z U A I N E
S Y N T N T R O M R I K L T I T
X L I I I Ż T A E J J O D A E Y
W C E O S S A I L I E O N U R K
A P N N O U W E N L I D T Q O A
Ó Q D R A O A I R T E M O E G Z
G Ł P P P A L F I A P L Ó N Ó O
```

ADDITION — DODAWANIE
AREA — POWIERZCHNIA
ARITHMETIC — ARYTMETYKA
DIVISION — DZIELENIE
EQUATION — RÓWNANIE
FRACTION — UŁAMEK
GEOMETRY — GEOMETRIA
MULTIPLICATION — MNOŻENIE
PARALLEL — RÓWNOLEGŁY
PERPENDICULAR — PROSTOPADŁY
RULER — LINIJKA
SUBTRACTION — ODEJMOWANIE

AT THE AIRPORT

It is estimated that globally there are over 100,000 flights per day. Here are some common airport related terms for you to learn while they try to find your lost baggage.

```
M I Ę D Z Y N A R O D O W E L T
A N Y Y T O L D O D Ć P C T E I
Ę P S W O E U A O A A Ć O K G N
N Ę M H O D R M L S W L C T E T
Ż T O C A T E M Z O O I T R W E
R Ę T Ę O S R P I M T N E O O R
E T S O T Y O A A N R N L P J N
S E U I A R I S T R A M I S A A
E M C W T R E S E S T L B S R T
C Ć N T C A I E L O S U Ę A K I
U U B R A N L E C A W A R P D O
R Ż A O Ę P H H T G V C P E A N
I F G P L B R U I G N I S Y S A
T E A R L O Y T O L Y Z R P E L
Y M Ż I N I B A L A N I M R E T
F E G A G G A B G F F O E K A T
```

AIRCRAFT	SAMOLOT
AIRPORT	LOTNISKO
ARRIVALS	PRZYLOTY
BAGGAGE	BAGAŻ
CUSTOMS	ODPRAWA CELNA
DEPARTURES	ODLOTY
DOMESTIC	KRAJOWE
INTERNATIONAL	MIĘDZYNARODOWE
PASSPORT	PASZPORT
RUNWAY	PAS STARTOWY
SECURITY	OCHRONA
TAKEOFF	STARTOWAĆ
TERMINAL	TERMINAL
TICKET	BILET

ON THE FARM

Farming has existed since 10,000 BC. If you work on a farm, or just like eating food, here are a some farm words for you harvest.

```
Ą S O P K I N G Ą I C C S O E C
M Y M O K O Z A L L A E K Y B M
E N Ń E S O G O L O Y T A Z T A
I O Y E T I Q U Ś H Y I C V R F
E L K A P Ś B H T F N E Z N A D
N P C P P H W Ł O I S O K Ę C R
O E T Ą H N O I W O Z G A N T Ą
Ł E O O D D D Ś I H T A C W O I
E H R Ś U U Ą K F N O Ł Z A R D
N S T P I C V W Q Z D U T E Z E
E H E L C K A Ł I E S Y M Ń N E
K R O W A R I E G T U R K E Y E
C E L A U M O N T J A G N I Ę V
I E W K N W B P L F Ł C O E Ą U
H E E A Ą R E T S O O R Ę A N C
C O I K N V X R P W R R Y E T V
```

BULL	BYK
CHICKEN	KURA
COW	KROWA
CROPS	PLONY
DONKEY	OSIOŁ
DUCK	KACZKA
FARMER	ROLNIK
GOAT	KOZA
HORSE	KOŃ
LAMB	JAGNIĘ
PIG	ŚWINIA
ROOSTER	KOGUT
SHEEP	OWCA
TRACTOR	CIĄGNIK
TURKEY	INDYK

SIGHTSEEING

Time to get out there and experience all there is to see. How do you prefer to explore a new city? Try exploring these highly rated sightseeing words.

I	K	I	N	M	O	P	Y	T	W	T	U	E	T	E	H
T	U	R	Y	S	T	A	A	G	O	K	R	A	P	R	T
W	R	U	I	N	Y	O	U	M	A	U	Ó	N	S	U	M
S	N	E	A	G	Z	I	U	M	I	A	R	N	E	I	U
K	K	O	Ą	R	D	C	E	R	C	Ą	O	I	K	N	E
A	I	E	I	E	T	R	I	A	G	I	T	U	S	S	Z
Z	N	N	B	T	A	G	M	F	T	U	T	K	D	T	U
Ó	D	O	D	W	A	C	A	C	A	Z	I	E	I	N	M
W	O	E	I	O	O	M	A	L	S	R	J	D	R	E	U
K	W	D	C	R	W	R	R	A	L	C	G	I	E	M	S
I	E	C	D	A	T	E	I	O	K	E	H	O	C	U	E
O	Z	E	E	T	M	R	Z	A	F	V	R	A	T	N	U
R	R	M	A	Y	E	E	R	R	S	N	P	Y	I	O	M
E	P	R	A	L	W	T	R	R	P	A	I	N	O	M	F
M	K	R	A	P	A	J	C	A	M	R	O	F	N	I	Ą
Ó	Ą	G	E	D	S	O	U	V	E	N	I	R	S	Y	A

ART GALLERY — GALERIA SZTUKI
ATTRACTIONS — ATRAKCJE
CAMCORDER — KAMERA WIDEO
CAMERA — aparat FOTOGRAFICZNY
DIRECTIONS — WSKAZÓWKI
GUIDE BOOK — PRZEWODNIK
INFORMATION — INFORMACJA
MAP — MAPA
MONUMENTS — POMNIKI
MUSEUM — MUZEUM
PARK — PARK
RUINS — RUINY
SOUVENIRS — PAMIĄTKI
TOUR GUIDE — PRZEWODNIK wycieczki
TOURIST — TURYSTA

AT THE BEACH

Time to hit the beach for some sun, sand and surf. Below you will find a list of warm beach related words.

```
A T Ł H P H P D U M R G G N N W
P R Z E C I W S Ł O N E C Z N E
A D E A A H G T O I A B P N U U
T A E S A N D K F O T W A X S K
C B E T I Y R R B U C K E T A S
I K E F T E U E A Y T E B H N A
N R R C D S A W H A P I A C D I
D U N A Ń O I N P S Ż N Z N C P
S R I E T O H O P A L A N I A Z
Ń W A I E O Ł H L L P W L E S K
R S I U D R W S S K L Y S P T E
L A E M G Ń C N A E E Ł T Ń L M
C D Z A M E O S I B V P V U E A
N X R D Ł I F A N K O A H A L Z
L O O C E A N I N U H B W T A T
R F M S S U N G L A S S E S F T
```

BEACH	PLAŻA
BUCKET	WIADERKO
HAT	CZAPKA
LIFE GUARD	RATOWNIK
OCEAN	OCEAN
SAND	PIASEK
SANDCASTLE	ZAMEK Z PIASKU
SEA	MORZE
SHOVEL	ŁOPATKA
SUN	SŁOŃCE
SUNGLASSES	okulary PRZECIWSŁONECZNE
SUNSCREEN	balsam do OPALANIA
SURFING	SURFING
SWIMMING	PŁYWANIE
WAVES	FALE

OPPOSITES 1

Is the museum near or far? Is it expensive to get in or not? Start studying these opposite terms, and you may find out.

```
Ż I S R E Ą E I K O R E Z S Ę I
Y B N T Ę W Ą S K I S D Y Ł A M
V H H N O Y H A G K E I R Ł Ł E
L S T M S O S H O W Ę W K D S H
O T T E W H W G N R S I O M R A
H S U C H Y H I I S O O M L Ż Y
T A L L A M S H H B G C U W H U
Ź F R O T K T O Ą A Ź A R Ę N I
N M W D I H R Y K N L E T Ł G J
Ż L A I L T Ł H Ł I E R Ą H N E
A B E Ż E Ż D E E S K Z L A A T
A L B R U I Ł R W K T O R P R W
T T E Y B D F T A I V Ź S B R A
A V T O T A Ą Ą R Ł E O O Y O R
U E Ż X D Z Ł T S P F N A O W D
T A E I L O M Ź Ą T L M D U Ż Y
```

BIG	DUŻY
SMALL	MAŁY
WIDE	SZEROKI
NARROW	WĄSKI
TALL	WYSOKI
SHORT	NISKI
HIGH	WYSOKI
LOW	NISKI
GOOD	DOBRZE
BAD	ŹLE
WET	MOKRY
DRY	SUCHY
HARD	TWARDY
SOFT	MIĘKKI

61

OPPOSITES 2

Would you be opposed or in favor of some more opposite words? For better or worse, here are some more words to study and find.

```
S O E H E I Y T Ę I N K M A Z T
A N E P O W O L N Y T S Y Z C I
E W G R E W Ą N H T L E N O H L
I C A Ł Z L N C A R E T D W E E
C T H Ź N I I I Y A V I U D A Ł
U A Q Ś Ą C M V M W R R R R P M
D U V U Ś R V N W T E I B L Ę H
I Ę C D I I A R Y O G L G D E T
I T L O R E O A Ę H T V I O M P
D E A R L N T R T O T S N D R C
O W Ł C G D O G H I Z L A A Z D
B Y I L Ł N O I S Y Ź O T F O E
R O Ą O O R M P B G Ź W Q F Ś E
Z B R S Ś D P K E L A N G Ł N Ś
E X P E N S I V E N Z P L R S H
E E Ł D Y C Ą R O G Ą N M D O D
```

FAST	SZYBKI
SLOW	POWOLNY
RIGHT	DOBRZE
WRONG	ŹLE
CLEAN	CZYSTY
DIRTY	BRUDNY
QUIET	CICHY
NOISY	GŁOŚNY
EXPENSIVE	DROGI
CHEAP	TANI
HOT	GORĄCY
COLD	ZIMNY
OPEN	OTWARTY
CLOSED	ZAMKNIĘTY

OPPOSITES 3

They say that opposites attract. See if you are attracted to the list of opposite words below. Find them in the grid, or don't.

```
Y S T H Ł A T W Y W S Ł A B Y Y
N I H T L Ą U K E T Ą Z C O P E
L D D L O A K N R A P U S T Y N
I I U S S A G O O B K M I T R D
S F G M E A N N N S S E E O A M
T F P H A G T N K I A Ł E R T F
T I X Ł T R B X H N E I K A S A
A C P R J E R N W L S C Ą T J T
D U W E Ł A L V O O T H O R I C
D L C I D T S G R W T P T B C V
L T U B Ł E G N U L Y T T R O H
S R S T E Y U A Y B N R I S H E
A S R R H S S N U E M U C I D H
L G L G G A Ł R N N E D B C R Ą
T O E U B E G I N N I N G S N T
E I O S P S Y D U H C Y S L Ł Ł
```

FULL	PEŁNY
EMPTY	PUSTY
NEW	NOWY
OLD	STARY
LIGHT	JASNY
DARK	CIEMNY
EASY	ŁATWY
DIFFICULT	TRUDNY
STRONG	SILNY
WEAK	SŁABY
FAT	GRUBY
THIN	CHUDY
BEGINNING	POCZĄTEK
END	KONIEC

OPPOSITES 4

An antonym is a word opposite in meaning to another. A synonym is a word that has the same or similar meaning to another word. Find the antonyms from the word list in the puzzle grid.

```
K O O Y T Ź F Ś Y Z S W R E I P
D M T L R Ó A E T C O E Ą D R Ó
D A T R C S L W S I T A E Z N I
Ś T L A Z Ś V N C F E A E F A L
E W N E Ą O E T A L T D M E S T
W N B T K N Ó N Ź I Ź E Ś L Ś N
Ź I E S E O E R S Ś N A A S Ą B
Ó M I O W Z I T Ś N Ą S S C W A
D L D E U Ą Ó J E T T O I S C O
B H R R W P R F A R U D Ś D Z T
H E Ź A C Ó Y C L T F O O E E S
A R F P E Ź L T S I U S H H Ś R
R E P O H N S I H O S T A T N I
A C W Ś R O D K U E F U S I I F
T K N A Z E W N Ą T R Z E W E W
O H Ó G A Ś H R D T D E E Ź Ó Y
```

NEAR	BLISKO
FAR	DALEKO
HERE	TUTAJ
THERE	TAM
WITH	Z
WITHOUT	BEZ
BEFORE	PRZED
AFTER	PO
EARLY	WCZEŚNIE
LATE	PÓŹNO
INSIDE	W ŚRODKU
OUTSIDE	NA ZEWNĄTRZ
FIRST	PIERWSZY
LAST	OSTATNI

MATERIALS

We encounter many different materials on a daily basis. Some are strong enough to hold up buildings and others are soft and flexible. Here is a list of common materials to choose from as we continue to build your language skills.

T	K	E	T	M	A	T	E	R	I	A	Ł	T	N	U	L
L	E	E	T	Ł	D	R	E	W	N	O	H	I	T	S	E
G	Ł	B	N	E	B	V	L	Y	M	Z	H	E	U	R	K
H	D	A	N	T	L	E	T	U	B	E	Ł	G	E	E	O
O	C	M	O	I	C	A	O	R	A	C	T	O	S	B	H
S	B	S	S	A	L	G	P	R	M	Ź	O	A	T	R	L
P	W	E	Z	P	A	L	N	I	S	H	I	P	L	O	E
L	O	V	R	K	Y	H	E	E	P	P	D	O	P	N	T
A	O	Ń	T	E	Ł	D	H	E	T	L	N	W	O	E	E
T	D	L	O	G	Ź	O	T	P	T	A	A	T	L	L	R
I	G	N	A	A	S	N	D	T	A	S	S	S	A	S	C
N	Ń	L	O	Ń	E	I	M	A	K	T	B	E	T	O	N
U	T	Ł	I	M	E	I	O	Ź	D	I	S	A	E	I	O
M	O	T	A	N	A	S	V	H	O	K	L	N	M	U	C
W	G	I	T	L	A	I	R	E	T	A	M	B	E	E	E
C	D	D	A	O	H	D	D	S	P	U	N	T	M	W	A

CLAY	GLINA
CONCRETE	BETON
COPPER	MIEDŹ
DIAMOND	DIAMENT
GLASS	SZKŁO
GOLD	ZŁOTO
MATERIAL	MATERIAŁ
METAL	METAL
PLASTIC	PLASTIK
PLATINUM	PLATYNA
SAND	PIASEK
SILVER	SREBRO
STEEL	STAL
STONE	KAMIEŃ
WOOD	DREWNO

MATERIALS 2

See if you can handle another shipment of common materials. Be sure to handle each one with care.

```
Y S T A I N L E S S S T E E L A
B W S B M R E E A K D O E B R I
N A Ó A A U S T Ó Ł A A I U T Ż
V G W Ł R A G R N L E U T L S E
R Ą G E O B A C Ą E L B R A M M
K E L S Ł C L Ż O A M L S Ż T Ż
C Ł M U I N A T I T U E L T O E
I U U X E T A O M H T A C Z Ó L
R E I P A P R U T E Y O Ó D S A
B E N T G E N R M R T R N Ą K Z
Q E I N B I G W A Ą A E E I I O
R R M B M L H X R L N P M S H E
L I U U E S D M M H L A N O R I
Ó R L B V D P T U T R P A M A W
Y A A N W E Z D R E I N L A T S
E H C I M A R E C E M E N T A L
```

ALUMINUM	ALUMINIUM
BRASS	MOSIĄDZ
BRICK	CEGŁA
CEMENT	CEMENT
CERAMIC	CERAMIKA
COTTON	BAWEŁNA
IRON	ŻELAZO
LEAD	OŁÓW
LEATHER	SKÓRA
MARBLE	MARMUR
PAPER	PAPIER
RUBBER	GUMA
SOIL	GLEBA
STAINLESS STEEL	STAL NIERDZEWNA
TITANIUM	TYTAN

SOMETHING TO DRINK?

We've made it through the first half of the book. Time to stop and have something to drink. Can we suggest one of the following?

```
X E R D S G M K O X T M Ó N M H
R Y S O K Z E O O J O R L Z I V
E O E A L E A A R P Ó T E E L E
D C W K B B R M E Ł R V L T K N
W A O R S N E G P S F D Ł J A O
I P N F X I N E Ł A I B O N I W
N P Ł N F O H L R P N C I Ł F R
E U N V R E R W H I T E W I N E
N C W Y O T E A C W O D A N E Z
G C T D K D Y S T O R Ó E R M C
A I Y N J M K C A P P U C I N O
P N D A U U S A L S Y N M I C N
M O N R G N I G A I C N G O I I
A T A B R E H C E D W A K D Ó W
H T R R Ó T W E E F T S D Ó H U
C H B L X E R R Ł M I Ó L H K Ó
```

BEER	PIWO
BRANDY	BRANDY
CAPPUCCINO	CAPPUCINO
CHAMPAGNE	SZAMPAN
COFFEE	KAWA
GIN	GIN
JUICE	SOK
MILK	MLEKO
RED WINE	WINO CZERWONE
RUM	RUM
TEA	HERBATA
VODKA	WÓDKA
WATER	WODA
WHISKEY	WHISKY
WHITE WINE	WINO BIAŁE

REVIEW: NUMBERS 66

Review Jumble: The translations in the word list below have been scrambled. Draw lines between the left and right columns to find the correct translations.

R	L	I	Ć	B	F	E	O	M	R	H	S	E	A	X	T
K	T	I	W	E	M	D	N	Ę	U	W	A	E	F	M	Y
E	E	R	H	T	L	S	N	A	O	Z	T	V	R	S	E
Ć	V	O	T	S	Z	E	Ś	Ć	F	Q	J	E	S	L	E
F	Ę	L	A	H	V	Y	U	O	I	O	T	E	E	T	S
T	I	I	E	E	I	Z	U	C	V	W	Y	E	D	D	M
N	P	F	S	W	S	R	U	Z	E	T	H	G	I	E	E
A	I	O	T	E	T	T	T	D	R	Ę	I	I	B	N
S	E	N	O	E	I	M	D	E	Ę	Z	E	S	H	U	K
N	E	V	E	L	E	Z	A	R	E	Y	O	D	U	E	M
T	U	N	A	D	I	N	D	Y	N	N	W	Ć	L	H	Ć
O	X	A	E	E	I	C	Ś	A	N	A	W	D	D	O	S
P	I	I	W	T	E	C	T	Ć	O	Ś	C	W	R	D	L
I	S	I	J	E	D	E	N	A	Ś	C	I	E	N	E	R
Ę	Ę	P	I	Ę	T	N	A	Ś	C	I	E	E	C	I	D
Ć	A	T	E	I	C	Ś	A	N	R	E	T	Z	C	A	Ę

ONE	PIĘTNAŚCIE
TWO	DZIEWIĘĆ
THREE	PIĘĆ
FOUR	TRZYNAŚCIE
FIVE	OSIEM
SIX	CZTERY
SEVEN	DWA
EIGHT	SIEDEM
NINE	JEDENAŚCIE
TEN	SZEŚĆ
ELEVEN	DWANAŚCIE
TWELVE	CZTERNAŚCIE
THIRTEEN	TRZY
FOURTEEN	JEDEN
FIFTEEN	DZIESIĘĆ

REVIEW: MORE NUMBERS

Review Time: Draw lines between the English word on the left and the corresponding translation on the right. Refer back to the original puzzle if you need help.

```
T N S I T N P O Q E G H P O D Ć
Ą T Ą I S E I Z D M E I S O T C
I H M O U E T S E G Ę T Ś F Ą S
S O D I I F V M R Ć T R N I O Z
E U G W L O I E D I H Z S F A E
I S F R A L R Z N T Ę Y Ś T I Ś
Z A C O I D I R U T T D S Y H Ć
D N H O R E Z O H P Y Z O R A D
M D N Ć S T T I N T E I U X A Z
E I Ć I Y A Y S E I T E E Ć T I
D T Ą L Ć T Ć Ś G Ś S Ś N N I E
E T M Ą E E N H G B C C Ś Ę O S
I W O N C Z T E R D Z I E Ś C I
S S I X T Y N O W T I D A E X Ą
K N Ą N Y T R I H T C Ę T G R T
D Z I E W I Ę Ć D Z I E S I Ą T
```

TWENTY	OSIEMDZIESIĄT
THIRTY	TRZYDZIEŚCI
FORTY	PIĘĆDZIESIĄT
FIFTY	MILION
SIXTY	SIEDEMDZIESIĄT
SEVENTY	SZEŚĆDZIESIĄT
EIGHTY	DZIEWIĘĆDZIESIĄT
NINETY	TYSIĄC
HUNDRED	STO
THOUSAND	DWADZIEŚCIA
MILLION	CZTERDZIEŚCI

REVIEW: DAYS OF THE WEEK 68

Review Jumble: The translations in the word list below have been scrambled. Draw lines between the left and right columns to find the correct translations.

```
N V P O N I E D Z I A Ł E K T V
Ą H I N J B E Ń H A S Q M L E N
R T Ą U Ę N V E W T H Ś R O D A
N O T U E S D A Y A D S R U H T
W R E Ń Ś N B J A R O Z C W R I
O D K S E S A T U R D A Y S W O
A Z Y K O I L Y L Y K L H D N N
O I E A S B Z Y A K E E T W O A
S E T I D U O D E D R I O E V L
W Ń Z O E I N T Y S O Z M E Ę H
E D D P D O R D A T T D O K R O
N F O Z M A E F A Ą W E R E N L
H H W H W H Y K E Y A I R N D I
E E I Z Ą I G E Ś I I N O D Ś D
U N C T M M C E O T Ę I W Ś A A
P Ś F L S S N W E D N E S D A Y
```

MONDAY	WEEKEND
TUESDAY	NIEDZIELA
WEDNESDAY	PONIEDZIAŁEK
THURSDAY	DZISIAJ
FRIDAY	CZWARTEK
SATURDAY	JUTRO
SUNDAY	ŚWIĘTO
WEEKEND	DZIEŃ
NATIONAL HOLIDAY	ŚRODA
TODAY	SOBOTA
TOMORROW	TYDZIEŃ
YESTERDAY	PIĄTEK
WEEK	WTOREK
DAY	WCZORAJ

REVIEW: MONTHS

Review Time: Draw lines between the English word on the left and the corresponding translation on the right. Refer back to the original puzzle if you need help.

```
K A L E N D A R Z E J M L J L S
K Y C Z Ń O L T S U G U A T T C
U Ń E G S C V H N E T N U Y S Ń
L E S T Y C Z E Ń Y U R E R E K
F I R O H A H E M A E P A I P I
E S S C D T L L R B Ń Ń C I T N
B E E T N T I Y Q W E E H R E R
R Z I O O P R I A I I R J A M E
U R M B I P P M Z W P E O D B I
A W E E T V A D K T R R C N E Z
R O C R O R U D E C E M B E R D
Y I T D C R U R E E I J U L Y Ź
A O E H G O O M A R S Z G A E A
L A H E E K R M I E S I Ą C T P
H I E Ź Ń V G T O B Y R G E M C
S O C E E Ź Ź E T N B Y A T H Ń
```

JANUARY	PAŹDZIERNIK
FEBRUARY	KALENDARZ
MARCH	KWIECIEŃ
APRIL	LISTOPAD
MAY	GRUDZIEŃ
JUNE	WRZESIEŃ
JULY	CZERWIEC
AUGUST	MIESIĄC
SEPTEMBER	ROK
OCTOBER	LIPIEC
NOVEMBER	MARSZ
DECEMBER	LUTY
CALENDAR	STYCZEŃ
MONTH	SIERPIEŃ
YEAR	MAJ

REVIEW: TIME & SEASONS

Review Jumble: The translations in the word list below have been scrambled. Draw lines between the left and right columns to find the correct translations.

```
Ń A O Ą R Z Y D N A T I E D M Y
S N N N J E I N D U Ł O P O P Ą
Ń P Ń I A O T M E E E I N E Ń N
Ą R R R Z R A N A T C T F D E W
T H B I I D S U I G H A R Z L Ń
H Ą Ą W N Ł O M T W L A D I P D
B T O U O G Z G Ł U O T S E R C
E G K H C A F A Ł M M G E Ń Z O
C E N T U R Y H N U S N I G H T
S M I E S I Ą C Ą S M I N U T A
O I A C I Ń T I D N O C E S H L
H N S T E B H R Ń Ł R I T E A D
Y U Ł I Ł L E Y Ą K N R W I L W
A T S S T E U S F O I U F N Ł A
D E K A D A F T E R N O O N L T
J E U R E M M U S H G H T Ą E O
```

WINTER	JESIEŃ
SPRING	NOC
SUMMER	SEKUNDA
AUTUMN	ROK
SECOND	DEKADA
MINUTE	DZIEŃ
HOUR	MINUTA
DAY	LATO
MONTH	RANO
YEAR	MIESIĄC
MORNING	ZIMA
AFTERNOON	WIOSNA
NIGHT	STULECIE
DECADE	POPOŁUDNIE
CENTURY	GODZINA

REVIEW: COLORS

Review Time: Draw lines between the English word on the left and the corresponding translation on the right. Refer back to the original puzzle if you need help.

```
Ł G R E E N I E B I E S K I O D
H R U W S N L Y W O R U P R U P
N E E O Ł P T T H E D Ó A R Ł Z
H Y A Ż R Ł Y U B N L N Ż H S Ł
Ó H A U Ó L Ó R Ń Ż G Ż Ł O O O
N Ó P Ż A C N O A E S Y Ó I W T
C Z A R N Y Ń N L Z S C O A B Y
X L O Ą H J T E C T S E T I H W
N S C L W A E K N I P F A C R O
B M N Ł O N W B C B E Ł S Z C T
Ń C A B L Ł L I R A Y I G E N E
F T Y G L U T O I Ą L D Ą R Ń L
Ł O C A E A W Ż U V Z B L W R O
E Ł T Ń Y N O L E I Z O S O R I
I L Ą M Ł A T R E D V N W N G F
L R P O M A R A Ń C Z O W Y Ą O
```

BLACK	ZŁOTY
BLUE	BRĄZOWY
BROWN	PURPUROWY
CYAN	POMARAŃCZOWY
GOLD	CZARNY
GREY	BIAŁY
GREEN	RÓŻOWY
MAGENTA	SZARY
ORANGE	CYJAN
PINK	ZIELONY
PURPLE	FIOLETOWY
RED	ŻÓŁTY
SILVER	SREBRNY
WHITE	CZERWONY
YELLOW	NIEBIESKI

REVIEW: SHAPES

Review Jumble: The translations in the word list below have been scrambled. Draw lines between the left and right columns to find the correct translations.

```
T T E T Ą K O T S O R P Z U O R
Ł Ł V E R L H H A O A C Ą W A Ą
D N O M A I D E M R Ę E A T L E
G W I A Z D A B X Ó D L S R U L
H W I Ę H N S N O A N A Z Ó K G
Ł C C Ł T T O Z G N G W W J H N
I Ó U Ę O E Ó G E L Ó O Ó K Ę A
Ę T B Ż S P N Ą A Ś E S N Ą R T
O Ą E O C P U I E T C M E T O C
T K Ł O A Y H Ł Z Ó C I R N Ś E
D O C I R C L E S G Y O A N A R
K I O V A L I I R O Ż K U N Ł O
I C N Ę Ę Ż L N N E R Ą Q E O F
S Ę E P Y R A M I D G T S A O S
Ę I O T Ą K O I C Ś E Z S L S E
N P E N T A G O N Ś P R L O R Ó
```

CIRCLE	KWADRAT
CONE	WALEC
CUBE	STOŻEK
CYLINDER	OWAL
DIAMOND	ROMB
HEXAGON	GWIAZDA
OCTAGON	KULA
OVAL	PROSTOKĄT
PENTAGON	TRÓJKĄT
PYRAMID	PIĘCIOKĄT
RECTANGLE	SZEŚCIOKĄT
SPHERE	OSMIOKĄT
SQUARE	KOŁO
STAR	SZEŚCIAN
TRIANGLE	OSTROSŁUP

REVIEW: THE HEAD

Review Time: Draw lines between the English word on the left and the corresponding translation on the right. Refer back to the original puzzle if you need help.

```
D U O D R T L S E H S A L E Y E
O V H D E I D C T U D S M L V E
A A G O P T A E Z O G O S G C E
E A H S E F E H R D A N Ł Z N I
L L C U S T A B A M N O O R H E
H F H N C E M E W C W Ł T T A Y
H M O U T H H R T A O Ł E T M E
O S B R K P I A A K H D O E E Y
E A C H E E K N P D O F G S K E
D Ę E Z Z H L C G E E Ę N S Y B
N S T N C R E M N H F Y S Ę Z R
O C G R I A Z A Ł T E B L T Ę O
A H G W L Ę I T D S U Ę U Ł J W
E U R T O R T S R N S Z Ę I D S
Y B D W P A R U C H O K O G T C
G D H E Ę N N S A O U M I N Y L
```

CHEEK	ZĘBY
CHIN	BRODA
EAR	NOS
EYE	USTA
EYEBROWS	CZOŁO
EYELASHES	RZĘSY
FACE	USTA
FOREHEAD	BRWI
HAIR	JĘZYK
HEAD	POLICZEK
LIPS	TWARZ
MOUTH	UCHO
NOSE	WŁOSY
TEETH	OKO
TONGUE	GŁOWA

REVIEW: THE BODY

Review Jumble: The translations in the word list below have been scrambled. Draw lines between the left and right columns to find the correct translations.

```
R K P R Ć Ł Ę S D E I B T E E I
K E T S R A G D A N Y T Ć Ń H E
E N H T H K C I U K A O Ć L A D
I A U T T O O F D B H Ć I Ł A
E T M Ł E A N R T W E P E O H L
Ń G B M W P B Ł O T E C Ń W U B
W Ę O R D O I B P Ł H M T I R R
L A I A Ę Ł L E O A M O R G E E
S S M M I E V O B H L Ć Ę G E D
T Ń L Ć A M H O Ć I N E N Q S L
O V C M W R B L T V H I C P N U
P O T A L I A A N O F K P G I O
A D S T W Ć O G S S D O E P B H
N Ę I M A R I O I T O Ł H T L S
N P A L E C U N O G I M L A U E
T O W N Ł D R E D L U O H S H S
```

ARM	RAMIĘ
ELBOW	KCIUK
FINGER	NOGA
FOOT	SUTEK
HAND	STOPA
HIP	DŁOŃ
LEG	ŁOKIEĆ
NIPPLE	RAMIĘ
SHOULDER	BIODRO
SHOULDER BLADE	PALEC
THUMB	NADGARSTEK
TOE	TALIA
WAIST	PALEC U NOGI
WRIST	ŁOPATKA

REVIEW: THE BODY 2 — 75

Review Time: Draw lines between the English word on the left and the corresponding translation on the right. Refer back to the original puzzle if you need help.

```
R P N H S K Ó R A H D O M F F O
E R N I K S K N E E M T Q L D E
S Z S A C O G E E R I W S L S C
Ć E I K O N Z A P I E R Ś H Ś T
M D T R T A A Y R Ę R O I W M O
S R E Y T L A V T D P F O E H Ć
A A A T U O G H E H Ł U S R C S
Ć M K E B K R E C L I O Z O Ę E
I I T C R O P O A A E G I Ó A H
D Ę S E A O Ł Ś J Ł P N H K E O
E O O T A A F T Y G U A U Ć U Z
E M K Y I N R D Z D Ó D R H H T
I B C C V P K H S O O Ć E Ó N X
Ś Ł A E H A M L S N L B T I E F
T L B L I A N R E G N I F U C Ł
F R S P M B R E A S T Y Ł E K A
```

ANKLE	PLECY
ARMPIT	ŁYDKA
BACK	KOLANO
BODY	PRZEDRAMIĘ
BREAST	SKÓRA
BUTTOCKS	CIAŁO
CALF	GARDŁO
FINGERNAIL	PĘPEK
FOREARM	PIERŚ
KNEE	PAZNOKIEĆ
NAVEL	TYŁEK
NECK	PACHA
SKIN	UDO
THIGH	SZYJA
THROAT	KOSTKA

REVIEW: ON THE INSIDE

Review Jumble: The translations in the word list below have been scrambled. Draw lines between the left and right columns to find the correct translations.

```
Ż L R E I A H V E I N S S E O S
D A K R E N P A N C R E A S H I
S R L A P A C U Ł P I L B G T J
Ś G O A K T S U Z R T C O N E E
H E O B M H N T E T E S R U T L
L I X H A E E T O B H U T L E I
N N L I E C R A U M H M Ą Ł W T
V T Y L D A Z R R Ż A B W E N O
Ż E P R G N G K O T E C R E S C
L S D E E O E E O Ż Ę K H A W I
Ó T O V T I I P Y W O T M A I E
Ą I O I D Z N Ś P E Y Ł N L R N
C N L L Ą D Ś E H A N L Ą I L K
T E B E A E Ę Ó V N U D Ł D C I
J S M A L L I N T E S T I N E E
Ż Y Ł Y T Ś M Ó Z G E T R K F K
```

APPENDIX	ŻYŁY
ARTERIES	JELITO GRUBE
BLOOD	TRZUSTKA
BRAIN	MIĘŚNIE
HEART	NERKA
KIDNEY	TĘTNICE
LARGE INTESTINE	ŚLEDZIONA
LIVER	JELITO CIENKIE
LUNGS	wyrostek ROBACZKOWY
MUSCLES	SERCE
PANCREAS	WĄTROBA
SMALL INTESTINE	ŻOŁĄDEK
SPLEEN	MÓZG
STOMACH	PŁUCA
VEINS	KREW

REVIEW: EARTH

Review Time: Draw lines between the English word on the left and the corresponding translation on the right. Refer back to the original puzzle if you need help.

```
Y A A E L O P H T U O S R O T B
T W C T N E N Y T N O K F Q I E
T M O I L H N A N U V E E E T S
I H Ł I R A W Ó T O P Q G L N L
P H P O N F N H O O E U R O P A
Ó A A E N D A T Ł E N A R P C U
Ł A C L A M U U I P E T S H O Ł
N C Y I E Z D Ł Ó C H O O T N T
O I F R F N J Ł O A O R S R T K
C T I T I I N A M P T C M O I E
N C K O O O C E K I N A E N N L
A R W R C E R O P Y H U W A E N
I A E N Q I E A C O R Ó G I N Ł
S T Y E C U W Ł H E R F E E T Ł
A N T A R K T Y D A A U A Ł I E
F A T L A N T Y C K I N E G Ł B
```

AFRICA
ANTARCTICA
ASIA
ATLANTIC OCEAN
CONTINENT
EQUATOR
EUROPE
NORTH AMERICA
NORTH POLE
PACIFIC OCEAN
SOUTH AMERICA
SOUTH POLE

AFRYKA
ameryka PÓŁNOCNA
RÓWNIK
ocean ATLANTYCKI
AZJA
KONTYNENT
BIEGUN POŁUDNIOWY
ANTARKTYDA
BIEGUN PÓŁNOCNY
EUROPA
PACYFIK
ameryka POŁUDNIOWA

REVIEW: GEOGRAPHY

Review Jumble: The translations in the word list below have been scrambled. Draw lines between the left and right columns to find the correct translations.

```
A N N O L Ó C O E N Ó Ó Ó I E R
O A W O L A R O K A F A R D Ó T
M E F F W O S S A Z K I H L D A
C C O Ó I N D B L S S E A T M T
H O R Z U A T O T M T S Z O W R
H T E Ż O C I Ó W M M K R R Y D
R J S H P L A Ż A I R Z Ż U S W
I I T W G O L H C A E B R R P L
G S V Ó Y V E R T S S C T U A N
S L R E N B C E T T N R S A H A
C A A S R P R E A O E T O N I A
A N A C O E A Z G S Y T I C T A
M D T G I C T F E N A K L U W Ó
X A O T E E E D I Ż T P I E G L
I F S D C O R A L R E E F D I D
N I A T N U O M N U A E I Ż A Ż
```

BEACH	MORZE
CITY	PUSTYNIA
COAST	KRATER
CORAL REEF	OCEAN
CRATER	MIASTO
DESERT	JEZIORO
FOREST	WYBRZEŻE
GLACIER	WYSPA
ISLAND	RZEKA
LAKE	RAFA KORALOWA
MOUNTAIN	PLAŻA
OCEAN	LODOWIEC
RIVER	LAS
SEA	WULKAN
VOLCANO	GÓRA

REVIEW: WEATHER

Review Time: Draw lines between the English word on the left and the corresponding translation on the right. Refer back to the original puzzle if you need help.

A	H	F	F	S	C	R	W	Y	Ś	G	O	E	J	E	O
O	V	H	E	S	Ł	O	N	E	C	Z	N	I	E	R	T
D	N	A	U	E	B	N	L	I	G	H	T	N	I	N	G
I	O	M	S	N	U	U	Ś	D	O	H	A	Z	F	A	N
R	Y	I	I	S	M	N	J	J	U	C	O	R	D	C	Ł
D	A	A	H	Z	I	Ć	F	N	I	O	T	T	I	I	T
Y	R	I	Ę	E	T	O	D	R	U	I	D	E	A	W	Ś
I	Ę	Ć	N	H	Ć	E	R	I	J	Ą	P	I	D	A	N
T	D	I	A	O	R	U	E	T	P	Ł	D	W	N	K	C
E	E	P	G	G	H	T	Ł	Ę	Y	H	U	H	O	S	A
Ę	W	L	A	O	R	P	O	C	H	M	U	R	N	Y	Ą
S	I	Ł	R	C	E	Z	C	Z	S	E	D	M	Ś	Ł	L
W	N	N	U	Ą	Ś	Ć	M	A	N	T	W	N	I	B	F
M	D	G	H	R	Ć	S	N	O	W	W	I	A	F	D	J
T	Y	D	U	O	L	C	I	R	T	E	M	O	R	A	B
D	U	O	O	G	O	A	A	Ł	G	M	G	T	D	M	Ą

BAROMETRIC pressure HURAGAN
CLOUDY ŚNIEG
COLD CIŚNIENIE barometryczne
FOG GRZMOT
HOT ZIMNO
HUMID GORĄCO
HURRICANE SŁONECZNIE
LIGHTNING WIETRZNIE
RAIN WILGOĆ
RAINBOW BŁYSKAWICA
SNOW POCHMURNY
SUNNY MGŁA
THUNDER CIEPŁY
WARM TĘCZA
WINDY DESZCZ

REVIEW: AFRICAN ANIMALS

Review Jumble: The translations in the word list below have been scrambled. Draw lines between the left and right columns to find the correct translations.

A	Ż	G	O	R	Y	L	T	R	A	P	M	A	L	W	L
B	S	T	E	C	H	I	M	P	A	N	Z	E	E	E	A
R	J	N	A	L	L	I	R	O	G	T	Ż	L	O	H	A
T	I	A	S	G	G	I	N	A	N	E	I	H	P	I	J
N	I	H	N	O	S	O	R	O	Ż	E	C	I	A	P	A
Ń	E	P	A	T	S	B	H	W	C	Q	V	P	R	P	D
B	V	E	P	P	E	T	E	T	N	E	L	O	D	O	T
R	T	L	M	Z	O	L	R	O	R	L	R	P	N	P	Ń
I	Ś	E	Y	T	D	L	O	I	Ł	A	C	O	S	O	E
C	E	I	Z	U	G	B	Y	P	C	H	W	T	S	T	N
Ł	E	O	S	E	A	Ż	H	T	E	H	R	A	L	A	I
S	U	Ł	P	B	H	Y	A	E	N	U	T	M	I	M	G
X	O	A	T	Y	Y	R	T	Ł	Ś	A	Ż	W	O	U	Ś
Ń	R	Ł	E	F	F	A	R	I	G	T	A	Y	N	S	L
D	Ł	N	R	H	H	F	H	L	Ż	P	E	T	S	J	E
E	A	Z	E	B	R	A	M	Ł	E	R	G	E	D	G	N

ANTELOPE   ZEBRA
BABOON   GUZIEC
CHEETAH   NOSOROŻEC
CHIMPANZEE   LEW
ELEPHANT   GORYL
GIRAFFE   SZYMPANS
GORILLA   SŁOŃ
HIPPOPOTAMUS   PAWIAN
HYENA   ANTYLOPA
LEOPARD   ŻYRAFA
LION   GEPARD
OSTRICH   LAMPART
RHINOCEROS   STRUŚ
WARTHOG   HIENA
ZEBRA   HIPOPOTAM

REVIEW: ANIMAL KINGDOM 1

Review Time: Draw lines between the English word on the left and the corresponding translation on the right. Refer back to the original puzzle if you need help.

```
Ą J A E O P J T Ź Ż O N H A P
I K A Y M I T O A A T T H Y E H
N I U G N E P I N G W I N M M A
I L M O U S E O B S I B G S E G
E Ó C D C A T I E R L B I E N C
D R A Ż S Y R G Y T K A K K R Ś
Ź K M U Ł N T U W Ó I R A O B Ó
W I E L B Ł Ą D D R G N N A T B
I M L L Ź A S Ś E O G I G Z L D
E Y I Ź U T T T S U E N A Y Ł H
D S R W T M S Ł R T M I R C O H
Ż Z O A X O H U O L T Ź O O N N
T L R O U U L P E Ś Ą R O O T W
F R F R M G E V U Ź N N S D I Z
Ą R A E B R A L O P K H I G C P
G B F Ż Z L T J Ł H E Ź O H Ź D
```

BAT	MYSZ
CAMEL	WILK
CAT	JAGUAR
DOG	KRÓLIK
FOX	ŁOŚ
JAGUAR	WIELBŁĄD
KANGAROO	PINGWIN
MOOSE	TYGRYS
MOUSE	NIEDŹWIEDŹ polarny
MULE	NIETOPERZ
PENGUIN	PIES
POLAR BEAR	KANGUR
RABBIT	MUŁ
TIGER	LIS
WOLF	KOT

REVIEW: ANIMAL KINGDOM 2

Review Jumble: The translations in the word list below have been scrambled. Draw lines between the left and right columns to find the correct translations.

```
C Ę O O F Ó T H T E J K Ą Z Ę I
Z Ż P R P C R Ę N Ą N F P O R L
A C O A A O E O E U Ż O M A R D
R G S C A N S I K Ą R E V A E B
N S R C K Ą G S W C E B T V Z O
Y O Q O R S Ó U U O R A Ó Ź C T
N L M O Ó K K P T M G B Ó B A C
I Ż I N I U I A B A Ż Ę Ź H R I
E T F O W N A T U G N A R O P R
D X L M E K N U M P I H C P P U
Ź W Ż A I S L Y D O K O R K O Z
W O M R W L A U W I D A R E Z C
I U A I A O N L Z I E K A N S Z
E J Ż M R Ó S B L E R R I U Q S
D Ó A T A Ą J E Ż O Z W I E R Z
Ź I I Ó A L T R A E B K C A L B
```

BEAVER	ORANGUTAN
BLACK BEAR	ŻABA
CHIPMUNK	SZOP PRACZ
CROCODILE	BÓBR
FROG	SOWA
LLAMA	KROKODYL
OPOSSUM	PRĘGOWIEC
ORANGUTAN	WĄŻ
OWL	SZCZUR
PORCUPINE	JEŻOZWIERZ
RACCOON	OPOS
RAT	WIEWIÓRKA
SKUNK	SKUNKS
SNAKE	CZARNY NIEDŹWIEDŹ
SQUIRREL	LAMA

REVIEW: SEA LIFE

Review Time: Draw lines between the English word on the left and the corresponding translation on the right. Refer back to the original puzzle if you need help.

```
Ż Ż R O Z G W I A Z D A Ż O O O
Ó H H Ó E A Ż L L P Ł I R U G K
Ł Ł L T U R T L E O S K U S A A
W O Ó Z A E S Z C W A X E Q S Ł
E C Ó Y Z T L R A H M C N U S A
D O O T U S A W I E L O R Y B M
Ż F Ż J D B E N K Ł I L R O Ł A
M N I Ł E O S L R L A H O S C R
H O U H M L R E A W L H M I K N
R F U Ś O S L E B H S Ł N R R I
Q E O T T M S Y S I W R I G S C
G Ó E K B H A I F T O J F S L A
E R Y B A I F R N I H P L O D A
T M O R S I A C M S S R E K I N
T Ó K D F T T Ś L A I H D E E T
T Ś A I S A O C T O P U S C Ó T
```

TURTLE   ROZGWIAZDA
CRAB   MORS
DOLPHIN   OŚMIORNICA
FISH   ŻÓŁW
JELLYFISH   WIELORYB
LOBSTER   KAŁAMARNICA
OCTOPUS   LEW MORSKI
ORCA   FOKA
SEA LION   REKIN
SEAL   RYBA
SHARK   KRAB
SQUID   MEDUZA
STARFISH   HOMAR
WALRUS   DELFIN
WHALE   ORKA

REVIEW: FAMILY 1

Review Jumble: The translations in the word list below have been scrambled. Draw lines between the left and right columns to find the correct translations.

```
L S I O S T R Z E N I C A A A T
F E T R N O Ó T E H L L I B W R
T A O N I L I N T W L C A U I A
A U T C E I C J O Y O B J I F A
E U M H C R O D Z I C E V C F T
G O N E E U A E C I K N U A R U
R E H T O R B P A L S S J I P A
A E K D X M E R E T S I S R T K
N N T E T A R B C I M O T H E R
D E I H N M Y Ó H C F S N B A Ó
F L P Z G A S A I E A T Y N E C
A C I H D U T H L I M R A N L E
T N G E E O A A D Z I A D E K R
H U V E T W R D R D L T G I A M
E A N A E A E M E B Y N U O N R
R W D X T G R A N D M O T H E R
```

AUNT	SIOSTRZENICA
BROTHER	SYN
CHILDREN	RODZICE
DAUGHTER	MAMA
FAMILY	RODZINA
FATHER	CÓRKA
GRANDFATHER	WUJEK
GRANDMOTHER	BABCIA
MOTHER	CIOCIA
NEPHEW	DZIADEK
NIECE	DZIECI
PARENTS	OJCIEC
SISTER	BRAT
SON	BRATANEK
UNCLE	SIOSTRA

REVIEW: FAMILY 2

Review Time: Draw lines between the English word on the left and the corresponding translation on the right. Refer back to the original puzzle if you need help.

```
L V W L F A T H E R I N L A W Q
N E W A L N I R E T H G U A D N
O Ć N A L N P C M G I R L K G R
T A U Ą L N E W H A R N R Z R V
M N K O E N I O K Ł I Ą E C A A
Ą Y O N S Ł I R K R O I I U N Ż
E Z N S Ż A E R E C C P G N D Ż
D C Ć R D I H H E T E R A W D E
E W E L G N T W S H S I W K A N
C E S A Ż O A Ć Ś E T I Z O U Ć
O I W Ż R L N R Ć Ż J O S D G A
U Z Ą B N Y Y E G Ę Ż Ą M H H D
S D E I B Ś Z A W O I C Ś E T S
I D N A B S U H N I U Z T Ę E H
N O B R O O K A I A F H O Ż R E
S Y N O W A Y T Ą M S E N S Ć E
```

BROTHER-IN-LAW
BABY
BOY
COUSIN
DAUGHTER-IN-LAW
FATHER-IN-LAW
GIRL
GRANDDAUGHTER
GRANDSON
HUSBAND
MOTHER-IN-LAW
SISTER-IN-LAW
SON-IN-LAW
WIFE

KUZYN
WNUK
TEŚCIOWA
ZIĘĆ
SZWAGIERKA
MĄŻ
DZIECKO
DZIEWCZYNA
ŻONA
SZWAGIER
TEŚĆ
WNUCZKA
CHŁOPAK
SYNOWA

87

REVIEW: VERBS 1

Review Jumble: The translations in the word list below have been scrambled. Draw lines between the left and right columns to find the correct translations.

```
T T O S L E E P A S Ć A V O E E
T O O G B L Ł J O R Ł G Ż T A U
S C S O Ż A A I E E Ł Y D Ż Ś N
Ż H T I C T O A S K N C S E H S
K A A I N I Ż L O Ć A T Y Z C R
A N Ć P E G P O Ć D M Y Ś L E Ć
Ą G I Ć E R C O A Y G N R B Y Ć
E E R H A O Ć E D A Z N C R W I
H Ł Ś S T W R A Y Ą U C T Ś O N
N C S P T O E T W R Ż A A H L E
T O E A T L T I Ć O R A R B L I
R G S Ć G I Z A P Y T A Ć K O M
I S S I A H K T Ć Ś E O C I F Z
N P E W Ć E L Ś O H D Q G O O Ł
A D O Ą Z E E S O T Y A P O T I
W T M C Ą J A T Ś I Ś X O L D D
```

TO ASK	PŁACIĆ
TO BE	ZMIENIĆ
TO CARRY	NOSIĆ
TO CHANGE	SPAĆ
TO COOK	MYŚLEĆ
TO EAT	ZAPYTAĆ
TO FOLLOW	GOTOWAĆ
TO HEAR	PODĄŻAĆ
TO PAY	CZEKAĆ
TO READ	BYĆ
TO SEE	ŚPIEWAĆ
TO SING	SŁYSZEĆ
TO SLEEP	ZOBACZYĆ
TO THINK	CZYTAĆ
TO WAIT	JEŚĆ

REVIEW: VERBS 2

Review Time: Draw lines between the English word on the left and the corresponding translation on the right. Refer back to the original puzzle if you need help.

```
A B R A Ć Ą N K M A Z Ź J N Z T
Ć S Ć A D E Z R P S E S R E R I
A R O X V N I Ó L I Ć Z Ż L O E
O L G A A Ś Ś M S E Ć U F L B K
L Ś H L T T Ź L U Ą V K Ź E I N
I O E T N H Ć M C Z A A H S Ć I
T Ż W A T Ż L A C Ó O Ć R O A R
Ć T E V O L O T H T M R M T W D
I H O Ć R M O Ć O C S O T T O O
W Ć S D Ś C I F W C O F P O Ż T
Ó V Q L O J I E P E L K S T Ó Ą
M W E M C N Y L Ć A W O C A R P
Ż Ź E Ć D M E Z U Ź E O S K D L
A I R T L H Ź Ą R Q A L G E O E
S T O W O R K A E P S O T W P K
I Ó Ś T O U N D E R S T A N D U
```

TO CLOSE	KOCHAĆ
TO COME	ZNALEŹĆ
TO DO	PRZYJŚĆ
TO DRINK	PRACOWAĆ
TO FIND	MIEĆ
TO HAVE	ROZUMIEĆ
TO HELP	MÓWIĆ
TO LOOK FOR	SPRZEDAĆ
TO LOVE	ZROBIĆ
TO SELL	BRAĆ
TO SPEAK	PODRÓŻOWAĆ
TO TAKE	ZAMKNĄĆ
TO TRAVEL	SZUKAĆ
TO UNDERSTAND	POMÓC
TO WORK	PIĆ

REVIEW: VERBS 3

Review Jumble: The translations in the word list below have been scrambled. Draw lines between the left and right columns to find the correct translations.

```
T A D N E H G T D E I S Ć G R W
H Z A W D Z I Ę C Z A Ć A T O Y
T H Ć U N U O I C Ć T M S O B Q
T O G I V E Ć S I H I O I W I E
O T O G O Y V Ć T A C P P A E A
I E N L Z T Ś Y E A Ś I U L G O
N L F C O I A Z I I W Ś E K A B
F B Ń O T S O C O N Z I T Ć Ć Y
S A P E N T T U Ę Y U D A W A Ć
T E C N A D O T Ę O H R E Ć R W
N B I Ń W E O L Ć Ń E W O I G S
W O N K O T W U E I T A Ś T W T
Ę T O H T Ń G O W A S Ć G E X A
N Ę C Y U B O T O W R I T E P N
N E V A E L O T A T D N Ś Ś Ś I
D H E U Ń M H P I Z N T Ń S V E
```

TO BE ABLE TO	ZAWDZIĘCZAĆ
TO BUY	IŚĆ
TO DANCE	DAWAĆ
TO GIVE	CHCIEĆ
TO GO	BYĆ W STANIE
TO KNOW	UCZYĆ SIĘ
TO LEARN	TAŃCZYĆ
TO LEAVE	KUPIĆ
TO OPEN	BIEGAĆ
TO OWE	GRAĆ
TO PLAY	WIEDZIEĆ
TO RUN	IŚĆ
TO WALK	ZOSTAWIAĆ
TO WANT	OTWIERAĆ
TO WRITE	PISAĆ

REVIEW: FOOD 1

Review Time: Draw lines between the English word on the left and the corresponding translation on the right. Refer back to the original puzzle if you need help.

```
I T Ż I W E T A L O C O H C D I
D T Y R S M K W D A L A S S Ż F
G F R U I T M B Ż A Ż R T U Ż J
T T G Ę A R Q R S A L T M Ą A T
Ż A S Ł E Q I E M Y E O A J W E
R O A W Y Z R A W A H P K Ł G N
L S K O D E E D Ę I S A A E N B
H G Ą Ę T X I R I O C Ł R S Z A
F G M T H H K Ą E H C E O E T C
T E U T T R U O L F M U N E D A
T B C Ę T A C E Q T O Ż D H L R
R N W I G E B D O T O W O C T Y
W O D A R T F A A K L I M Ą L Ł
Ą Ą E V T A Ż Ą S A E H O E A O
A S H Ż V E G E T A B L E S S T
R E H S W M R Ł O P Ł N M W Ą F
```

BREAD	RYŻ
BUTTER	MASŁO
CHEESE	SAŁATKA
CHOCOLATE	WARZYWA
EGGS	CHLEB
FLOUR	JAJKA
FRUIT	MĄKA
MEAT	OWOC
MILK	MIĘSO
PASTA	CZEKOLADA
RICE	SER
SALAD	MLEKO
SUGAR	WODA
VEGETABLES	MAKARON
WATER	CUKIER

REVIEW: FOOD 2

Review Jumble: The translations in the word list below have been scrambled. Draw lines between the left and right columns to find the correct translations.

A	N	I	C	Ę	I	N	G	A	J	E	C	E	A	U	A
P	O	L	A	M	B	O	H	E	S	C	G	D	W	E	A
U	M	Y	K	T	A	T	Ó	Ł	N	O	O	R	O	H	H
Z	Y	W	E	C	A	S	H	T	N	J	W	N	L	O	T
O	L	E	H	T	L	A	S	T	A	L	O	T	S	X	C
O	E	R	N	H	Y	I	T	R	D	P	Ó	G	O	L	I
Ó	M	L	B	O	L	C	O	O	K	I	E	S	U	T	A
T	A	E	G	I	H	I	U	O	R	S	P	J	P	R	S
O	E	U	P	I	I	W	Z	L	O	D	Y	P	L	O	T
F	R	Ę	C	B	N	R	O	K	P	M	I	Ó	D	O	E
T	C	K	S	E	P	F	Ę	Ł	U	W	M	Ł	I	V	C
R	E	P	P	E	P	W	Ó	W	O	R	E	G	H	R	Z
N	C	E	I	R	O	C	I	H	I	W	C	O	T	U	K
R	I	P	O	I	L	N	R	N	L	O	I	Z	I	G	A
B	H	L	W	I	E	P	R	Z	O	W	I	N	A	Ę	N
A	C	M	A	S	J	S	H	S	A	E	S	G	A	K	O

BEEF	JAGNIĘCINA
BEER	LODY
CAKE	WOŁOWINA
CHICKEN	JOGURT
COOKIES	KURCZAK
HONEY	CIASTECZKA
ICE CREAM	PIWO
LAMB	ZUPA
OIL	WINO
PEPPER	WIEPRZOWINA
PORK	SÓL
SALT	OLEJ
SOUP	CIASTO
WINE	PIEPRZ
YOGURT	MIÓD

REVIEW: FRUIT 1

Review Time: Draw lines between the English word on the left and the corresponding translation on the right. Refer back to the original puzzle if you need help.

```
O S E I R R E B E U L B R O A A
E T E L G E U O B A K Ł A Ż A N
E R A P H R S R P R E R E I I Y
N A Z R A P U R A C B N K E N R
Ś W C Ż E R I S Ż U O W Ś T I T
L B Ń E N C G N Z L A T A N W Y
J E A Ś O O O R E K C U I A K C
A R R T L M O M S A A R T L S D
G R A P E F R U I T P F O P O Ń
O I M L M E R S P Ś P P Ś G Z E
D E O A T T A Ż B E N J L G R Ń
Y S P A N A N A S G A E I E B H
Ń R W I N O G R O N A R W F S A
T A M U L P T A N A R G K I A M
H C A E P O M E G R A N A T E N
U Y M Ń L A L E R O M H C G E N
```

APRICOT	BAKŁAŻAN
BLUEBERRIES	JAGODY
EGGPLANT	GRUSZKA
GRAPEFRUIT	GRANAT
GRAPES	ŚLIWKA
LEMON	TRUSKAWKI
MELON	POMARAŃCZA
ORANGE	MORELA
PEACH	WINOGRONA
PEAR	BRZOSKWINIA
PINEAPPLE	GREJPFRUT
PLUM	MELON
POMEGRANATE	ARBUZ
STRAWBERRIES	CYTRYNA
WATERMELON	ANANAS

REVIEW: FRUIT 2

Review Jumble: The translations in the word list below have been scrambled. Draw lines between the left and right columns to find the correct translations.

```
E R B L A C K B E R R I E S A Ś
R E P P E P W O L L E Y Y K K Z
O P E L T R K J E Ż Y N Y Ó Y I
D P U P Ó A N A N A B R T A R E
I E H M U N A T B Ż P A Ż A P L
M P Z K P O G H S A U Q S A A O
O N U F A K L F P A C P J I P N
P E C Z I N I A Y O B Z I N A Y
K E C N E G T N T E E C E I N P
A R H Ó A Ł I A R N H A N K O I
J G I A Ó L M R L E A Y R U W E
A B N Ż A O I C R U D C N C R P
B A I M T E I R E D P E P P E R
Ł N R O S L I M O N K A K E Z Z
K A P P L E I N Ś I W L I N C I
O N R D S L Ś Ś M O M E N N T E
```

APPLE	WIŚNIE
BANANA	ZIELONY PIEPRZ
BLACKBERRIES	FIGA
CANTALOUPE	MALINY
CHERRIES	CZERWONA PAPRYKA
FIG	CUKINIA
GREEN PEPPER	KANTALUPA
LIME	POMIDOR
PUMPKIN	BANAN
RASPBERRIES	DYNIA
RED PEPPER	ŻÓŁTA PAPRYKA
SQUASH	JEŻYNY
TOMATO	KABACZEK
YELLOW PEPPER	LIMONKA
ZUCCHINI	JABŁKO

REVIEW: VEGETABLES 1

Review Time: Draw lines between the English word on the left and the corresponding translation on the right. Refer back to the original puzzle if you need help.

I	I	K	A	I	N	M	E	I	Z	I	S	N	Ż	T	S
K	E	Z	S	O	R	G	Y	N	O	L	E	I	Z	H	E
Ł	U	M	P	A	T	S	U	P	A	K	T	G	C	O	L
Y	D	B	A	U	E	H	C	O	Z	C	R	A	K	I	E
C	E	C	R	R	C	P	T	M	R	H	N	R	C	N	R
A	E	E	A	O	C	Z	N	R	O	I	F	A	L	A	K
U	K	C	G	R	C	H	O	E	P	O	N	P	T	S	A
L	O	Y	U	M	R	C	E	S	E	B	N	Z	R	Y	L
I	H	R	S	T	R	O	O	W	N	R	A	S	Ł	F	E
F	C	E	E	I	T	C	T	L	K	E	G	U	D	N	J
L	I	L	O	S	N	E	I	C	I	A	K	V	B	U	E
O	T	E	T	D	V	H	L	L	E	O	N	U	Ż	E	B
W	R	C	A	B	B	A	G	E	R	B	R	I	S	O	E
E	A	A	T	A	Ł	A	S	B	Z	A	U	D	P	T	E
R	S	S	O	N	I	O	N	I	K	O	G	L	F	Z	T
A	A	O	P	N	H	E	O	I	Ż	U	M	R	A	J	S

ARTICHOKE	KAPUSTA
ASPARAGUS	ZIEMNIAKI
BEETS	CZOSNEK
BROCCOLI	SZPINAK
CABBAGE	SZPARAGI
CARROT	BURAKI
CAULIFLOWER	ZIELONY GROSZEK
CELERY	KARCZOCH
GARLIC	BROKUŁY
GREEN PEAS	SELER
KALE	JARMUŻ
LETTUCE	KALAFIOR
ONION	CEBULA
POTATOES	SAŁATA
SPINACH	MARCHEWKA

REVIEW: HOUSE

Review Jumble: The translations in the word list below have been scrambled. Draw lines between the left and right columns to find the correct translations.

```
E R O O F Ż N S E F Ó A R N Ż Q
Ó O K O N R A T Y D K E L E T D
B F Ż Ż E T E R E P W D E O R T
T M Ó R U Ó N B A S I O E A I N
T M Ł F E G A R A G U A W C L E
Ż O A Ó T S O Ł Ó S S O L I I M
O O Z F E N C E Y A D K H N V T
E R I M J A D A L N I A B W I R
S G E H N D W O I N Ł A Ż I N A
E N N H L E N W W N T O M P G P
T I K Ł V B H A H H H O K M R A
N N A I T A R C R L O C Ł N O T
A I R T K T A O T R A O U P O D
Ó D Z A J D O P D I V W A K M T
E L O A A M I E S Z K A N I E Ł
I L F A X E B T M B N A A D M M
```

APARTMENT	DACH
BASEMENT	GARAŻ
BATHROOM	ŁAZIENKA
BED	DOM
BEDROOM	SYPIALNIA
DINING ROOM	MIESZKANIE
DRIVEWAY	KUCHNIA
FENCE	PODJAZD
GARAGE	SALON
HOUSE	ŁÓŻKO
KITCHEN	JADALNIA
LAWN	PIWNICA
LIVING ROOM	TRAWNIK
ROOF	PŁOT
WINDOW	OKNO

REVIEW: AROUND THE HOUSE 1 — 95

Review Time: Draw lines between the English word on the left and the corresponding translation on the right. Refer back to the original puzzle if you need help.

```
A A Ó H E H N E S A B T Ż H P N
M S P T L Ż Ó A C I B Y L R L Y
W T N M B S U S Z A R K A Z O C
A T E L A O T D T A L L M C O I
S E H J T L S H N S K P P A P A
H P N O C S T D T A Ż T E Z G A
I R K A I U O D R E S S E R N K
N A Ł O B L R E S K N Ł T U I I
G C Y Ż M W F T R Z Ó E M K M F
M W V D Ł I Ó A A D L F E D M S
A Y A R O Ł N S U I R E D O I Ó
C I C N N H Ł E O C N Y E L W K
H Y U A N O C T K R E D E N S G
I A U W N A D S R I A T S R O I
N L M Y R T H C Ó H R E E O N K
E X Ż D Ł O R E I L E D N A H C
```

BATHTUB	KRAN
CARPET	SUSZARKA
CHANDELIER	BASEN
CURTAIN	ŻYRANDOL
DRESSER	STÓŁ
DRYER	TOALETA
FAUCET	LAMPA
FIREPLACE	ZASŁONY
LAMP	ODKURZACZ
SWIMMING POOL	KREDENS
STAIRS	PRALKA
TABLE	KOMINEK
TOILET	WANNA
VACUUM	SCHODY
WASHING MACHINE	DYWAN

REVIEW: AROUND THE HOUSE 2 96

Review Jumble: The translations in the word list below have been scrambled. Draw lines between the left and right columns to find the correct translations.

```
C B C Q E Ł D C E Ó G N K C L A
K Ł G A S Ó Ó E F R E W O H S A
W I E I R Ż L Z R K A Ż M I H C
A Ó N Y A E N E V O E O I M I E
N K P R F C T A Ż R R Ż N N H L
A U O R A Z N A S Y W R Z E J O
F L D O Z K W S M T Z S I Y Ł D
G E U Ó S O E R U A Y L T M I Ó
N R S A Z R N I A R D D E S K W
I Y Z S T M T I P Z T B H W O K
L A K T C L Y C U L H W E L S A
I L A R U H L W Ł H A L L W A Y
E M I S Ż O A A A S L I S O A O
C B T Ó S O T I H R P Y I H R K
K R Z E S Ł O E R O K R U I B G
O Ó T R E F R I G E R A T O R Ż
```

CHAIR	PRYSZNIC
CEILING FAN	ZMYWARKA
CHIMNEY	KRZESŁO
CLOSET	PODUSZKA
CRIB	SZAFA
DESK	PIEKARNIK
DISHWASHER	WENTYLATOR sufitowy
HALLWAY	KOMIN
MATTRESS	BIURKO
MIRROR	MATERAC
OVEN	ŁÓŻECZKO
PILLOW	KORYTARZ
REFRIGERATOR	LUSTRO
SHOWER	LODÓWKA
SINK	ZLEW

REVIEW: AT THE TABLE

Review Time: Draw lines between the English word on the left and the corresponding translation on the right. Refer back to the original puzzle if you need help.

```
Ł Y Ż K A S T O Ł O W A S S S D
T A B L E C L O T H T T Ó E A U
A N D C N I K P A N K Ł L O H N
L I R H Ł P W E B O Y U H A I E
E W Ł N M I P S L Ż L A B H S Ó
R O N I D I T S E R K Ó E E Z Ó
Z D S E E Ł U C S R R Ł Y Ż K A
T K L P E R Z M P A W E A T L T
A E R N B K P Ż O E L E Y Ó A B
C Z A O A I N M O O P G T F N U
H S Ł S T B A I N Ó L P E K K S
G I Ż C P L Z A F O A W E N A N
U L H K R O F D O E T N Ó R I T
M E A E L W O B V C E Ż H R E W
R I O S P O O N H A A T L W I Ż
O K O I S Y D A R T A C E I L N
```

BOWL	OBRUS
FORK	ŁYŻECZKA
GLASS	SERWETKA
KNIFE	SZKLANKA
MUG	WIDELEC
NAPKIN	DZBAN
PEPPER	PIEPRZ
PITCHER	ŁYŻKA STOŁOWA
PLATE	KIELISZEK DO WINA
SALT	KUBEK
SPOON	MISKA
TABLECLOTH	ŁYŻKA
TABLESPOON	TALERZ
TEASPOON	NÓŻ
WINE GLASS	SÓL

REVIEW: TOOLS

Review Jumble: The translations in the word list below have been scrambled. Draw lines between the left and right columns to find the correct translations.

```
E Ó E P W A S H E R J L W K O D
I I M A L S C R E W D R I V E R
S E A Ł K I P I Ł A O Ł B P A A
T B Ś L O T E Ó M L Ó U Ó Ź K B
A Ś Q S L T Ę R K O B U R Ś D I
Ś E R O E W O R S S I D U U A N
E Ś B Ź A T A T K P C Z R R Ł A
A N I E T M W S P A O R O L K I
K Ś K L U C Z O N Ł N Ś E P D L
E O T D N C N C Ó L R V D W O A
L N O Ę Z W Ó W L U E H Ź R P I
I W Ź Y R N E I B L A D D E R R
C F P R A K R A I M E W Ź N N A
N C T Y O D W H M U Ź E Ó C Ó I
E R U S A E M E P A T B W H E E
P T T W I E R T A R K A G M Ł I
```

BOLT	PODKŁADKA
DRILL	NAKRĘTKA
HAMMER	WIERTARKA
LADDER	MŁOT
LEVEL	ŚRUBA
NAIL	POZIOMICA
NUT	MIARKA
PENCIL	PIŁA
PLIERS	WKRĘT
SAW	SZCZYPCE
SCREW	GWÓŹDŹ
SCREWDRIVER	ŚRUBOKRĘT
TAPE MEASURE	KLUCZ
WASHER	DRABINA
WRENCH	OŁÓWEK

REVIEW: CLOTHES 1

Review Time: Draw lines between the English word on the left and the corresponding translation on the right. Refer back to the original puzzle if you need help.

```
L Ł H P M K A M I Z E L K A D W
Ż R S Z A L I K T E P R A K S Ż
C X R S Y S E K W S E Ę M O A A
O C R L S T E F N R N S S R M H
S T E N P S U K I E N K A F A T
H N Ł I O L L B C T D C Ę A J T
A Ż Ę Ę D S Z K L A D O S L A Z
Ż I Ł B N T T C S E X S P Z P D
T S E V I I A R Z W O N D S A Ę
G L O V E S W S O S E T H S H T
T P A N T S A E O H A T P C C S
T Y C M S Ł R L F O S Ł E A Z F
C Ł T S A T K G C E R N P R A E
E D E L O Ż C Q Ż S T D A F P T
L R Ę K A W I C Z K I A S Ł K G
D T Ę U R L T P E B O R H T A B
```

BATHROBE	PIŻAMA
BELT	SZLAFROK
COAT	RĘKAWICZKI
DRESS	KRAWAT
GLOVES	CZAPKA
HAT	PASEK
NECKTIE	SKARPETKI
PAJAMAS	SZALIK
PANTS	BUTY
SCARF	PŁASZCZ
SHOES	SPODENKI
SHORTS	KAMIZELKA
SOCKS	SWETER
SWEATER	SUKIENKA
VEST	SPODNIE

REVIEW: CLOTHES 2

Review Jumble: The translations in the word list below have been scrambled. Draw lines between the left and right columns to find the correct translations.

```
U T V E X A K A Ó R Ó O I A Ó L
V O A Ż A L U Z S O K I N A T S
E U B R A N I A Ł W T Z Ż Ł Ł T
G W H E I B N R U T I N R A G O
A T L Z I D U E G L D M N R C O
K G L A A Ó C T E C A Ż S B W B
T W N Ł I A M I Y Ż X U I U R T
E S Y I L K B U H S N E K N I D
L N K K H O L S S D N E D A S T
O A C I W T Ż E E Z R L Ł C T Y
Z E Ł T R F O R Z A K W A I W Ł
N J I I A T W L G S L A D N A S
A E H E T E L E C A R B A D T E
R S A N A S Z Y J N I K V Ó C T
B F S R E D N E P S U S R P H S
Y W O L E I P A K M U I T S O K
```

WRIST WATCH	BUTY
BOOTS	KOSTIUM KAPIELOWY
BOW TIE	SANDAŁY
BRA	NASZYJNIK
BRACELET	BRANZOLETKA
CLOTHING	GARNITUR
JEANS	BIELIZNA
NECKLACE	SZELKI
SANDALS	KOSZULA
SHIRT	UBRANIA
SKIRT	MUSZKA
SUIT	STANIK
SUSPENDERS	SPÓDNICA
SWIM SUIT	ZEGAREK
UNDERWEAR	DŻINSY

REVIEW: GETTING READY

Review Time: Draw lines between the English word on the left and the corresponding translation on the right. Refer back to the original puzzle if you need help.

```
T N A R O D O E D K I P A T S D
Ż N H Ż T C O N D I T I O N E R
Y T A Ł A I N E L O G O D N S E
P M A R O L M M O Q T N T Z N Y
Ó T U S O U I T B H E A C Ń E R
K Ł E F F D H P P M L Z S E L D
O P A R R B O A S F O Z Ż I T R
N Ł E K R E S Z L T A C A B C I
T P D U R T P O E M I Ó J E A A
A A S Y E A S C P D E C I Z T H
K H O L M S Z O E O Ń R K R N I
T Ę A T S K N S T O M Ż A G O Ę
O O P M A H S P U E K A M Z C U
W Ó B Ę Z O D A T S A P D Ż O U
E O Ó D D O Ń R O D Ż Y W K A R
N I Ć D E N T Y S T Y C Z N A N
```

COMB	MAKIJAŻ
CONDITIONER	POMADKA
CONTACT LENSES	SUSZARKA do włosów
DENTAL FLOSS	SZAMPON
DEODORANT	ODŻYWKA
HAIR DRYER	MYDŁO
LIPSTICK	NIĆ DENTYSTYCZNA
MAKEUP	GRZEBIEŃ
PERFUME	PASTA DO ZĘBÓW
RAZOR	PERFUMY
SHAMPOO	DEZODORANT
SOAP	soczewki KONTAKTOWE
TOOTHBRUSH	maszynka DO GOLENIA
TOOTHPASTE	SZCZOTECZKA do zębów

REVIEW: PLACES 1

Review Jumble: The translations in the word list below have been scrambled. Draw lines between the left and right columns to find the correct translations.

C	A	A	Ł	O	K	Z	S	H	F	B	N	E	P	T	E
M	W	E	N	O	I	D	A	T	S	R	C	D	O	L	A
H	O	A	N	R	H	F	D	Ł	P	I	I	E	O	A	L
Ł	J	S	F	O	A	S	E	O	F	D	A	P	E	T	W
S	E	S	T	I	Z	Ż	S	F	M	G	T	A	E	A	O
C	L	L	A	P	R	T	O	U	T	E	Z	R	O	R	Y
H	O	O	I	A	O	E	I	P	K	X	C	T	I	N	W
O	K	T	B	F	F	D	S	R	Ż	E	O	M	O	I	O
O	A	N	F	G	A	T	A	T	P	A	P	E	Ż	A	L
L	J	I	N	T	I	M	E	R	A	R	R	N	I	M	D
V	C	S	S	T	R	A	I	N	S	T	A	T	I	O	N
E	A	K	E	E	P	A	O	O	R	U	I	B	S	R	A
B	T	O	P	F	O	L	A	T	I	P	S	O	H	S	H
Y	S	U	P	E	R	M	A	R	K	E	T	A	N	K	M
E	S	U	O	H	T	H	G	I	L	U	A	P	T	A	O
B	R	M	U	E	S	U	M	U	Z	E	U	M	T	B	D

AIRPORT — MUZEUM
BAR — STACJA KOLEJOWA
BRIDGE — SZPITAL
DEPARTMENT store — SUPERMARKET
FIRE STATION — STRAŻ POŻARNA
HOSPITAL — DOM HANDLOWY
LIGHTHOUSE — BIURO
MUSEUM — LATARNIA MORSKA
OFFICE — BAR
POST OFFICE — POCZTA
SCHOOL — MOST
STADIUM — SZKOŁA
SUPERMARKET — LOTNISKO
TRAIN STATION — STADION

REVIEW: PLACES 2

Review Time: Draw lines between the English word on the left and the corresponding translation on the right. Refer back to the original puzzle if you need help.

```
E N T A J C A R U A T S E R Z I
H P O L I C E S T A T I O N K U
R E L O A O D C I A S B R R O T
A E E S O P M Y I S R A T T M F
P E T K A E O N R A A N A M E N
T L O A N R R H H A A K E Q N T
E F H T E A E T S R R Y T B D E
K K A E I H B P U E R B T I A T
A R S W V O T A O A E E I B P Y
Z E A T S U T X T S R F R L O S
N K Y T I S R E V I N U F I L R
T R O P E E M I K A P K X O I E
G R I R L E T O H P I E T T C W
E W G Y C A M R A H P M L E J I
C H L L O K R R A K R A P K I N
E R H T U E K A U N A Z O A S U
```

BANK	RESTAURACJA
CASTLE	SKLEP
CEMETARY	PORT
COFFEE SHOP	APTEKA
HARBOR	OPERA
HOTEL	ZAMEK
LIBRARY	KAWIARNIA
OPERA HOUSE	PARK
PARK	UNIWERSYTET
PHARMACY	HOTEL
POLICE STATION	KOMENDA POLICJI
RESTAURANT	BIBLIOTEKA
STORE	CMENTARZ
THEATER	BANK
UNIVERSITY	TEATR

REVIEW: ON THE ROAD 104

Review Jumble: The translations in the word list below have been scrambled. Draw lines between the left and right columns to find the correct translations.

```
I V T N E D I C C A A L P G S H
N Ś P A L I W O U N G Ó A O T O
L A N E U T Ó T E E N A S D O A
I J S X Ż T O L G N I K R A P P
G C Y M L M O P I I K W U W S A
Ę A E N O I O B Ę L R Ó C O I O
C Z S B Z T D C U O A R H N G R
T I I S S C O R I S P A U Y N M
D L E K T Ś I C O A T Ż N Z Ż N
E A A U A A C L Y G S Ę A N D S
N N O W I I T E U K A I O E U A
Z G B R F A Ó I L H L C K B T S
S Y R F C M O T O R C Y C L E S
D S A M O C H Ó D N C U U R R N
H R T H G I L C I F F A R T G V
T T E Ó O K E D A P Y W T R Ó A
```

AUTOMOBILE	AUTOBUS
ACCIDENT	SYGNALIZACJA świetlna
BUS	DROGA
GAS STATION	CIĘŻARÓWKA
GASOLINE	MOTOCYKL
LANE	RUCH ULICZNY
MOTORCYCLE	SAMOCHÓD
PARKING LOT	WYPADEK
ROAD	PAS RUCHU
STOP SIGN	ZNAK STOP
TRAFFIC LIGHT	PALIWO
TRAFFIC	PARKING
TRUCK	stacja BENZYNOWA

REVIEW: GETTING AROUND

Review Time: Draw lines between the English word on the left and the corresponding translation on the right. Refer back to the original puzzle if you need help.

```
O D O A H T Ą Ż Ó G Ł O Z C T R
N R E T P O C I L E H Q Ó L E V
F I N F P O C I Ą G L Ż W W Ł C
Ł B A A H S D S A M O L O T E W
Ó Ł L R M K C U R T E R I F B Ó
D Ó P C T B A H S Ł S L D O B Z
Ź D R R E Y U J O Z Ś I A P I S
E Ź I E D I R L A O K T R U C T
R P A V F T W R A K L O N H Y R
Y O I O C A N O E N M B W Ł C A
A D O H O N Ż L Ł F C Ż U I L Ż
W W M R Ą K Ź M C G D E K S E A
B O Ł E T R A C E C I L O P I C
U D I A Ó E E N I R A M B U S K
S N A L U B M A N G H I Ś O K I
U A U T O B U S S Z K O L N Y Ś
```

AIRPLANE	ŚMIGŁOWIEC
AMBULANCE	KAJAK
BICYCLE	ŁÓDŹ
BOAT	WÓZ STRAŻACKI
CANOE	PODUSZKOWIEC
FERRY	POCIĄG
FIRE TRUCK	METRO
HELICOPTER	CZOŁG
HOVERCRAFT	ROWER
POLICE CAR	AMBULANS
SCHOOL BUS	PROM
SUBMARINE	ŁÓDŹ PODWODNA
SUBWAY	AUTOBUS SZKOLNY
TANK	SAMOLOT
TRAIN	RADIOWÓZ

REVIEW: LANGUAGES 1

Review Jumble: The translations in the word list below have been scrambled. Draw lines between the left and right columns to find the correct translations.

```
N E I K S L A G U T R O P U Ń R
F Ł L Ł A I K S J Y S O R H N S
L R A I K S U C N A R F S A A E
G H E E S E M A N T E I V I I H
N E U N A I S S U R L S E K L E
I I R C C T A G H G E E S S A W
R K I M H H U S N S K Ń W B T Ł
A S S K A E I E E Ł O O I A I O
D Ń K Ń S N B N L P R N K R K S
N Y H E A M A R A G E A C A C K
A R P P E P A J A C A E E R E I
M A S H A R Z N D J Ń R I A R K
R D H J Ł V G S T R S O M B G S
A N G I E L S K I E K K E I O L
Y A D O P O L I S H I Z I C S O
S M D T L W H E B R E W N Ń S P
```

ARABIC	ANGIELSKI
ENGLISH	HISZPAŃSKI
FRENCH	JAPOŃSKI
GERMAN	WIETNAMSKI
GREEK	GRECKI
ITALIAN	FRANCUSKI
JAPANESE	HEBRAJSKI
KOREAN	WŁOSKI
MANDARIN	MANDARYŃSKI
POLISH	KOREAŃSKI
PORTUGUESE	PORTUGALSKI
RUSSIAN	ROSYJSKI
SPANISH	ARABSKI
HEBREW	POLSKI
VIETNAMESE	NIEMIECKI

REVIEW: PROFESSIONS

Review Time: Draw lines between the English word on the left and the corresponding translation on the right. Refer back to the original puzzle if you need help.

```
R O T C A R T A I H C Y S P T L
R D A P I E L Ę G N I A R K A N
P O T S I T N E D E R F F K N A
S C T H O H T E A C H E R U R I
Y T A K H G K O H K H E R C E C
C O O I A I L I A C Y S H H C I
H R D L L F T Ż N W E I A A I R
I I R V A E A T A W T F R R F T
A N Z O K R I L N E A P L Z F C
T Ż R T T I Z C C A E R E F O E
R Y A S O F C T Y N J T P S E L
I N K A P I L O T Z T C C R C E
S I E N G I N E E R C O I Ę I O
T E L E K T R Y K E P U L L L E
S R S S I D E N T Y S T A I O Y
T O R A R E C L R N Ę D B N P P
```

ACTOR	AKTOR
ARCHITECT	PRAWNIK
CARPENTER	DENTYSTA
CHEF	STOLARZ
DENTIST	ELEKTRYK
DOCTOR	PIELĘGNIARKA
ELECTRICIAN	POLICJANT
ENGINEER	PSYCHIATRA
FIRE FIGHTER	INŻYNIER
LAWYER	PILOT
NURSE	ARCHITEKT
PILOT	NAUCZYCIEL
POLICE OFFICER	KUCHARZ
PSYCHIATRIST	LEKARZ
TEACHER	STRAŻAK

REVIEW: PROFESSIONS 2

Review Jumble: The translations in the word list below have been scrambled. Draw lines between the left and right columns to find the correct translations.

```
T P S R X Z S U I R A T I N A S
T A C C O U N T A N T L N I K M
D R N Z I S R E B R A B O N S E
M A O C O E S E M E C H A N I C
G M N H E C N E R T O U T C Ę H
P E P C M R E T F K K N H I G A
O D L R E U Z I I O E M L Y O N
L I R C O R S L W S R R E A W I
I C F E A F U I D A T P T E Y K
T A L P H A E A C S R L E K N Y
I I O K R C R S I I E K I T S T
C E R D Y T T R O T A N S A S I
I T Y B Y Z O U A R Ź N M I X L
A H S S P L U M B E R Ź T L Ż O
N N T O F T E M Z U H R E O O P
R A A P R E B R A B A Ę H R O E
```

ACCOUNTANT	ARTYSTA
ARTIST	KRAWIEC
ATHLETE	PROFESOR
BARBER	ATLETA
BUTCHER	MUZYK
DANCER	TANCERZ
FLORIST	RZEŹNIK
MECHANIC	SANITARIUSZ
MUSICIAN	KSIĘGOWY
PARAMEDIC	BARBER
PLUMBER	HYDRAULIK
POLITICIAN	MECHANIK
PROFESSOR	NAUKOWIEC
SCIENTIST	POLITYK
TAILOR	FLORYSTA

REVIEW: PROFESSIONS 3

Review Time: Draw lines between the English word on the left and the corresponding translation on the right. Refer back to the original puzzle if you need help.

```
S T S H O O H H J E W E L E R Z
Ł A Z Z R A K I N N E I Z D C K
I M R R Y E U L A T S T D A R N
M O A E E O D M D T T M M E K A
E M K L E I R N O R O U V A T M
Q A W I J A N N E G Ł I B U R R
A I Ó B B O O Ł R T R Y E R Z E
N L S U O S U O O D R C Ł E R H
F C K J Z D D R I Ż A A H I A S
A A A Ł Ó N A X N M E N B D N I
R R T S I C A M R A H P H L Y F
M R O K A T R A N S L A T O R T
E I Q P Ż R F R O L N I K S E Ó
R E N E D R A G E O E N S H T L
K R R W N A I R A N I R E T E V
A U E I M R E H T U L R W L W I
```

BARTENDER	WETERYNARZ
FARMER	ROLNIK
FISHERMAN	ŻOŁNIERZ
GARDENER	DZIENNIKARZ
JEWELER	BARMAN
JOURNALIST	TŁUMACZ
MAIL CARRIER	JUBILER
PHARMACIST	OGRODNIK
SOLDIER	RYBAK
TAXI DRIVER	LISTONOSZ
TRANSLATOR	TAKSÓWKARZ
VETERINARIAN	FARMACEUTA

REVIEW: SOLAR SYSTEM

Review Jumble: The translations in the word list below have been scrambled. Draw lines between the left and right columns to find the correct translations.

```
T N O G N O Ń I A W N E Ż O H U
M D I E R A S T E R O I D A H K
E A R T H H M D M U T M A L U Ł
T E S Ł O Ń C E C R A T E R R A
S N I K R A T E R R G Y A E S D
Y U R D Ł C I H S K V N N T A S
S T O U L Ł Y I U E U T E I I Ł
R P S S T D H Ż N S U R Ń P N O
A E A U R A S U Ę R O H Y U O N
L N T Ł N M S E O I I J T J T E
O E U I O E A O D A S P E Ł U C
S R R O P I W T A Ł E K M B L Z
N I N Ż M U Ń U E N I Q O A P N
T U E E Ż H J L R M E R C U R Y
Ż M I R T D I P N A O G I M R S
R Z Ł Ł S E S T Ę O N K T Ę L S
```

SOLAR SYSTEM	KRATER
MERCURY	UKŁAD SŁONECZNY
VENUS	MERKURY
EARTH	MARS
MOON	URAN
MARS	KOMETA
JUPITER	NEPTUN
SATURN	WENUS
URANUS	ASTEROIDA
NEPTUNE	KSIĘŻYC
PLUTO	SŁOŃCE
SUN	SATURN
CRATER	ZIEMIA
ASTEROID	PLUTON
COMET	JUPITER

REVIEW: MUSICAL INSTRUMENTS

Review Time: Draw lines between the English word on the left and the corresponding translation on the right. Refer back to the original puzzle if you need help.

```
N T A L E Z C N O L O I W H Q T
I O A K O R D E O N H P A I Ą Ę
L O F B J S H V V Z I B Y N P F
O T K O U I D M V A U D A O A Y
I A R N S T N N N T U P R E R N
V M O O B K N O I D R O C C A G
V B I I M Ę A P M F L E T P T Q
S U Ą N T B B S O R Y N S Y I Ą
T R H A R M O N I C A O Z Z U A
D Y F I U D F N Y H L H D R G F
A N E P M R L V E L O P N K Q F
A K S G P U U V E O E O A S S H
P F B A E M T C N D E X J H I E
A S R Ą T S E P I P G A B H W O
G I T A R A R T A S C S L H H I
P P R A H T A M B O U R I N E E
```

ACCORDION	TRĄBKA
BAGPIPES	DUDY
CELLO	SKRZYPCE
DRUMS	FLET
FLUTE	TUBA
GUITAR	WIOLONCZELA
HARMONICA	PIANIONO
HARP	HARFA
PIANO	HARMONIJKA
SAXOPHONE	PUZON
TAMBOURINE	AKORDEON
TROMBONE	TAMBURYN
TRUMPET	SAKSOFON
TUBA	GITARA
VIOLIN	BĘBNY

REVIEW: EMOTIONS

Review Jumble: The translations in the word list below have been scrambled. Draw lines between the left and right columns to find the correct translations.

```
T Ł O E N E Ł P R O U D H O F T
R D A S H W S C A R E D U M N Y
P E W W S T Y D L I W Y O P E P
D T Ę Z D S E S R E W E O E E Z
L I Y E D R U R T I N D M W T A
Ś C N P O E O O L R E B N N N G
Y X O B P W N Ś V K A Y E Y E U
Ł E Z N L A Ę E S R S S N H D B
Z Ł D E F Z H C R I E T Z S I I
N Y Y U C U Y A E W U N L O F O
U T T Z Ę T S B E M O T I O N N
D R S R O S I E S E O W E Ę O Y
Z S W W E E A N D H S C A S C R
O M A D E S I R P R U S J N I G
N N Z M A R T W I O N Y N A Y N
Y N O Z C O K S A Z O I I R T A
```

EMOTION	ZŁY
HAPPY	ZDENERWOWANY
SAD	WYSTRASZONY
EXCITED	ZASKOCZONY
BORED	PEWNY SIEBIE
SURPRISED	SMUTNY
SCARED	DUMNY
ANGRY	ZAWSTYDZONY
CONFUSED	SZCZĘŚLIWY
WORRIED	ZAGUBIONY
NERVOUS	EMOCJA
PROUD	WSTYDLIWY
CONFIDENT	ZNUDZONY
EMBARRASSED	ZMARTWIONY
SHY	PODEKSCYTOWANY

REVIEW: ILLNESSES

Review Time: Draw lines between the English word on the left and the corresponding translation on the right. Refer back to the original puzzle if you need help.

```
H A N Z R T E I W A P S O I R Ś
P E Ś A E S U A N P L E Z S A K
R Z Ł E E T E O T Y Ó T S R S Ś
Z C Ę Ó Ó D I A R R H E A E H A
E R I A Ą T I T E G Ś B K Ę X S
Z U M H C U K R Z Y C A P N O O
I K D E E L B E S O N I Y O P N
Ę S F A L A B Ó Ł D N D S W N Z
B N P A R S D I L F C A Y N E K
I A Y M T M C A E G I O W G K O
E D L R A Ś Ó K C G Ł E U S C T
N A O L O R C Z R H U O U G I O
I K H Ł E J C E G D E N W M H W
E H D V A R L F L U I M K Y C R
Ó M E T Ó A G O R Ą C Z K A W K
Ę F L P I U C Y Ą H E S E L M M
```

ALLERGY	KRWOTOK Z NOSA
CHICKENPOX	KASZEL
COLD	BÓL GŁOWY
COUGH	CUKRZYCA
CRAMPS	ALERGIA
DIABETES	OSPA WIETRZNA
DIARRHEA	PRZEZIĘBIENIE
FEVER	MDŁOŚCI
FLU	SKURCZE
HEADACHE	INFEKCJA
INFECTION	GRYPA
NAUSEA	BIEGUNKA
NOSEBLEED	GORĄCZKA
RASH	WYSYPKA
STROKE	UDAR MÓZGU

REVIEW: ILLNESSES 2

Review Jumble: The translations in the word list below have been scrambled. Draw lines between the left and right columns to find the correct translations.

```
B C M I G R E N A A T B E G Ą Ł
E R M E Ś A I T R Ą O M P Q Ó O
Ę T U G F R A C T U R E U I D A
I N M I E K O R R Ó B W I R U S
S E P H S P A D A C Z K A Ł Ę T
T D S E M E I M Ę W E K T T U M
O I R B H I H L I Ł R E D N G A
M C O A Ó T G C E P O D O O Z T
A C Z O S L H R I P S A N I Ó F
C A C A S N B M A S S P G S M R
H O I A I S E R P I Ś Y R S Ś F
A N Ę Ę U A Z R Z A N W O U Ą E
C F C R S E A E R U E E I C G Q
H I I L N I S T Ł U C Z E N I E
E V E I N A M A Ł Z U H C O K L
R S E G H E A R T A T T A C K A
```

ACCIDENT	WIRUS
ASTHMA	WYPADEK
BRUISE	OPARZENIE
BURN	STŁUCZENIE
CONCUSSION	ŚWINKA
CUT	wstrząśnienie MÓZGU
EPILEPSY	ATAK SERCA
FRACTURE	ROZCIĘCIE
HEART ATTACK	ODRA
MEASLES	ZWICHNIĘCIE
MIGRAINE	PADACZKA
MUMPS	ASTMA
SPRAIN	ZŁAMANIE
STOMACH ACHE	MIGRENA
VIRUS	BÓL BRZUCHA

REVIEW: QUESTIONS

Review Time: Draw lines between the English word on the left and the corresponding translation on the right. Refer back to the original puzzle if you need help.

A	L	L	U	J	A	K	D	U	Ż	O	O	N	Ż	S	C
C	Ó	S	W	H	A	T	Ż	J	A	E	Ó	N	E	Ó	A
M	H	Y	D	E	I	K	R	A	F	W	O	H	M	S	C
G	M	Ż	A	E	M	Ó	D	E	W	H	Ż	O	N	G	S
D	Ó	T	F	N	C	P	I	A	O	E	P	A	T	A	T
Z	Y	N	D	Y	I	B	L	W	L	I	I	I	F	B	U
I	N	Y	R	L	E	Z	A	E	M	E	S	N	E	H	W
E	A	N	I	I	A	R	D	Z	H	I	K	T	O	J	T
S	M	A	C	R	E	C	S	O	E	U	H	O	A	P	H
U	W	U	T	Y	Ż	E	Z	M	G	F	O	K	Ż	V	O
A	O	L	O	V	Ż	W	I	E	A	A	W	Y	Q	E	W
C	H	U	C	O	T	T	G	R	G	I	R	O	N	J	M
E	F	N	M	O	T	O	E	Ż	E	O	E	Ó	Ó	A	U
B	A	Y	H	A	E	E	T	L	W	U	A	O	T	K	C
S	Z	W	H	E	R	E	E	P	A	A	E	M	A	K	H
C	I	W	E	W	B	H	H	S	N	R	A	K	O	S	Ż

BECAUSE	KIEDY
HOW	KTO
HOW ARE YOU	KTÓRA GODZINA
HOW FAR	GDZIE
HOW MANY	CZY MOŻESZ MI POMÓC
HOW MUCH	JAK DALEKO
CAN YOU HELP ME	DLACZEGO
WHAT	CO
WHAT TIME IS IT	JAK WIELE
WHEN	CO U CIEBIE
WHERE	PONIEWAŻ
WHO	JAK DUŻO
WHY	JAK

REVIEW: AT A RESTAURANT

Review Jumble: The translations in the word list below have been scrambled. Draw lines between the left and right columns to find the correct translations.

```
R E Z I T E P P A N H R Ł J R S
E E A S R S R I K E L N E R M E
A C A T E L A O T H A Ś E O A N
K T A N S O C F C P Ć T O H I W
W E S B S Ł H N K B I R S D N Ó
A L W D E T U I A A T A L W C Ł
T Ć U I D L N T W S E D M I O G
S D U N P S E T E S I R H E U E
Y H N N C A K R E T N I B L R I
Z N I E E H N R V U A N U Ś S N
R T B R O M W T O K D K N H E A
P L L I B E H T W B A R E S E D
K Ó I D T S I L E N I W M C S O
O E E K A R T A W I N A P Ó J Q
L H I S Ś I I H Ś I Ś R D D E Ó
N E H M Ś A A T T Ć D N C A A L
```

APPETIZER	SERWETKI
BREAKFAST	KELNER
DESSERT	KARTA WIN
DINNER	TOALETA
DRINK	MENU
EAT	JEŚĆ
LUNCH	DANIE GŁÓWNE
MAIN COURSE	NAPIWEK
MENU	ŚNIADANIE
NAPKINS	RACHUNEK
RESTROOMS	PRZYSTAWKA
THE BILL	LUNCH
TIP	NAPÓJ
WAITER	DESER
WINE LIST	OBIAD

118

REVIEW: AT THE HOTEL

Review Time: Draw lines between the English word on the left and the corresponding translation on the right. Refer back to the original puzzle if you need help.

```
Y N I E P R Z E S Z K A D Z A Ć
W O K O C E E P G Y M N I Ł Ę N
O I T U E I R C Y A E J Ó K O P
T S Ć B E S V Ó E E G Ż T I E R
E I I L Ł T E R T P K G T O Ę L
L V N A L N N Ć E O C P U C I K
A E T N Ę E T M N S E J Z L Ę L
O L E K L M U Ż R C M N A Ć E U
T E R E P A P T E L I O T T T C
R T N T I T T R T K I L O Ł I Z
E O E S C R Ż S N P A H E R U Ł
I W T S O A J Z I W E L E T S T
P E E O G P S A Ż A R H B N O N
A L M A A A I N W O Ł I S E O H
P Ć B B R U T S I D T O N O D Ó
E A W O L E T O H A G U Ł S B O
```

BED	TELEWIZJA
BLANKETS	KOCE
DO NOT DISTURB	KLUCZ
GYM	APARTAMENT
HOTEL	OBSŁUGA HOTELOWA
INTERNET	HOTEL
KEY	POKÓJ
LUGGAGE	ŁÓŻKO
RECEPTION	NIE PRZESZKADZAĆ
ROOM	RECEPCJA
ROOM SERVICE	PAPIER TOALETOWY
SUITE	BAGAŻ
TELEVISION	SIŁOWNIA
TOILET PAPER	INTERNET
TOWEL	RĘCZNIK

REVIEW: SUBJECTS

Review Jumble: The translations in the word list below have been scrambled. Draw lines between the left and right columns to find the correct translations.

```
B S I H V M P H I L O S O P H Y
I C C P S F A I R E I N Y Ż N I
Z I Ę Ę A C H T R O A K U A N H
N E Y R T S I M E H C H I I E E
E N I C I D E M T M J L N M C N
S C O B T R A A O Ż A H H O H G
O E I U V P M I I N I T E N E I
S C I S Y H P N G F O L Y O M N
J R A I U E M U I O A C G K I E
Ę P I N Y M A L Y N L R E E A E
Z F R E R G O R Y E A O G X H R
Y I O S E Z O C S P E K I O M I
K Z T S O T Y L H W S H Y B E N
I Y S F S D N Y O A K U T Z S G
O K I I E O O Ę O I W B T Ż U I
Ę A H M R A Y T A Q B R E I O M
```

ART	MUZYKA
BIOLOGY	BIZNES
BUSINESS	FIZYKA
CHEMISTRY	CHEMIA
ECONOMICS	GEOGRAFIA
ENGINEERING	FILOZOFIA
GEOGRAPHY	SZTUKA
HISTORY	NAUKA
LANGUAGES	MEDYCYNA
MATH	EKONOMIA
MEDICINE	HISTORIA
MUSIC	JĘZYKI
PHILOSOPHY	BIOLOGIA
PHYSICS	INŻYNIERIA
SCIENCE	MATEMATYKA

REVIEW: MATH

Review Time: Draw lines between the English word on the left and the corresponding translation on the right. Refer back to the original puzzle if you need help.

```
M O C A A Ż C M N O Ż E N I E A
S U A K J I N I L O Y O P Q R I
Y H L T Ł Y N Ł T Ł I A U Z R R
R Ł O T Ł A A H G E R T S Ó A T
T N D A I E R E C A M U A L G E
E O V A Ó P L Y L Z B H U U E M
M I N E P O L L T T R C T I Q O
O T W O N O E I R M I E N I G E
E C R W I L T A C D E A I Ż R G
G A Ó E R S C S N A W T N W O A
K R W T L T I E O O T M Y A O R
E F N E I U P V M R O I W K Ł P
M H A O C R R J I I P I O L A F
A Ł N O E O E D O D A W A N I E
Ł T I P I D Z I E L E N I E Ł Ł
U E E N O I T I D D A E R A Ó D
```

ADDITION   RÓWNANIE
AREA   MNOŻENIE
ARITHMETIC   DODAWANIE
DIVISION   RÓWNOLEGŁY
EQUATION   PROSTOPADŁY
FRACTION   DZIELENIE
GEOMETRY   POWIERZCHNIA
MULTIPLICATION   ODEJMOWANIE
PARALLEL   UŁAMEK
PERPENDICULAR   GEOMETRIA
RULER   ARYTMETYKA
SUBTRACTION   LINIJKA

121

REVIEW: AT THE AIRPORT 120

Review Jumble: The translations in the word list below have been scrambled. Draw lines between the left and right columns to find the correct translations.

```
M E K Ż A Y T O L Y Z R P F A H
O I E S Ż N D E G A G G A B I E
E E Ę A T L L D K O N Ć E N I R
Ż S G D O F C E K C A I T C T F
Y A D T Z U A S C W I E M P A E
B T Y E S Y I R O A R T A R K C
A E I T P N N T C N W S H A E I
I R O R T A R A A R S A K R O T
Ć M M O U A R T R T I A R Y F S
S I L P T C I T A O R A A P F E
A N D S C O E R U R D W J Ć D M
M A P S N B T S I R N O O O A O
O L T A R O I V L U E H W W R D
L F L P W T A L R A S S E E C C
O W E Y L L H N E A N O R H C O
T R P A S Z P O R T R O P R I A
```

AIRCRAFT	SAMOLOT
AIRPORT	BAGAŻ
ARRIVALS	PRZYLOTY
BAGGAGE	LOTNISKO
CUSTOMS	BILET
DEPARTURES	STARTOWAĆ
DOMESTIC	KRAJOWE
INTERNATIONAL	MIĘDZYNARODOWE
PASSPORT	ODPRAWA CELNA
RUNWAY	PASZPORT
SECURITY	PAS STARTOWY
TAKEOFF	ODLOTY
TERMINAL	OCHRONA
TICKET	TERMINAL

REVIEW: ON THE FARM

Review Time: Draw lines between the English word on the left and the corresponding translation on the right. Refer back to the original puzzle if you need help.

```
L Ń O G S N L F T E Ś E T R D E
Ę H E G Ś H Q Ń R Ś W O U D Ą C
Ą C J H Ś A C E D A F B G L Ł E
N H A U A G O H D G U G O A T F
P I G P E E H S S L S S K M R A
Ń C N T D Y N O L P I Ń Ń B R R
O K I I I Ś K C R O P S Y U Ł M
T E Ę Ą D D I O Ł S T K K K C E
T N E L G O L I Ń U E Y T N O R
H E Ś W I N I A R L U S O T Ą O
Ń O R S I K I K W T W A N W Ń T
J L Ń K A E E K Y O C Z I M C C
Ą O E C D Y A Ę F D R O Ł W Ę A
V T Z N E T P G Z U N K W H E R
I K A O S Ą O Ą R C A I G O D T
A L R O O S T E R K R L E F A T
```

BULL	BYK
CHICKEN	CIĄGNIK
COW	INDYK
CROPS	OSIOŁ
DONKEY	KURA
DUCK	PLONY
FARMER	KOŃ
GOAT	KOGUT
HORSE	ROLNIK
LAMB	ŚWINIA
PIG	JAGNIĘ
ROOSTER	KACZKA
SHEEP	KOZA
TRACTOR	OWCA
TURKEY	KROWA

REVIEW: SIGHTSEEING

Review Jumble: The translations in the word list below have been scrambled. Draw lines between the left and right columns to find the correct translations.

```
P A M I Ą T K I K W Ó Z A K S W
E J C K A R T A I E N T K R O T
E K R T Y R I M D Z S L I U I T
I A A C S K T I O Y E N N I N G
P F C M I I U G R N E O D N F A
A T A N E G R U A V U R O S O L
T J M R R R T U U L Ó M W A R E
R O C U U M A O O K L A E E M R
P S O A A I S W N T B E Z N A I
B T R P M S N O I T C A R T T A
M K D A D R V Y Z D G F P Y I S
U R E M S N O I T C E R I D O Z
Z A R E M A C F C I O O C F N T
E P R Z E W O D N I K A L C O U
U M U S E U M G U I D E B O O K
M V F O T O G R A F I C Z N Y I
```

ART GALLERY	INFORMACJA
ATTRACTIONS	RUINY
CAMCORDER	MAPA
CAMERA	TURYSTA
DIRECTIONS	PRZEWODNIK wycieczki
GUIDE BOOK	PAMIĄTKI
INFORMATION	GALERIA SZTUKI
MAP	aparat FOTOGRAFICZNY
MONUMENTS	PARK
MUSEUM	KAMERA WIDEO
PARK	PRZEWODNIK
RUINS	POMNIKI
SOUVENIRS	WSKAZÓWKI
TOUR GUIDE	MUZEUM
TOURIST	ATRAKCJE

REVIEW: AT THE BEACH

Review Time: Draw lines between the English word on the left and the corresponding translation on the right. Refer back to the original puzzle if you need help.

```
P R Z E C I W S Ł O N E C Z N E
S V T L R S U N G L A S S E S T
E W X S S U R F I N G U W E S O
A R G M E R S F A F R N I E A W
L T W H C A E B C F A N M L N U
O O N H N G H L I U A Ń M A D H
F O E D U T M N L W K W I F C R
I E E A N W G Y Y B P N N H A T
R A R L Ł O S Ł U D A W G T S I
H D C L O K P C A L Z M O Ł T B
Q N S E P R K E A K C W O T L A
T E N V A E F P E A N Ń A R E W
W I U O T D O S F I C A G V Z C
E G S H K A A L K E O Ł E V E E
E U K S A I P Z K E M A Z C H S
A Ż A L P W T Z E Ż N A E C O M
```

BEACH	ZAMEK Z PIASKU
BUCKET	PLAŻA
HAT	OCEAN
LIFE GUARD	SŁOŃCE
OCEAN	balsam do OPALANIA
SAND	ŁOPATKA
SANDCASTLE	WIADERKO
SEA	MORZE
SHOVEL	PŁYWANIE
SUN	CZAPKA
SUNGLASSES	PIASEK
SUNSCREEN	RATOWNIK
SURFING	okulary PRZECIWSŁONECZNE
SWIMMING	SURFING
WAVES	FALE

REVIEW: OPPOSITES 1

Review Jumble: The translations in the word list below have been scrambled. Draw lines between the left and right columns to find the correct translations.

```
Ą E Ą A Ą C B A O I S Ą E O H Ź
C A Y I I Ł N A R R O W B E E H
A V E H H L U I A E N Y Ł Q Ą E
Ę H X Y C D U D Y R D S H Ę D A
F B L I N U J O Ł R L O M R T M
E S T O A Ż S M A L L K Ź E I I
Ź Ź Ę T E N T W M Ł A I K S I N
N D Ż Ź E U T E E Y T H K N N I
I C R O A E S D A A N E D S O R
A O A O A F T I O O E U I R Ą I
P H T M H R H W S T J W E G O W
N Ż Ą I O B Y W F A E M O Ę I T
E I G Ę Ź S H O R T H O D H T B
I H S K O L S L O W D K A S Y Ź
T Ź I K O R E Z S E Z R B O D A
H E I I I L E A T Q D Y Ż U D A
```

BIG	DUŻY
SMALL	DOBRZE
WIDE	SUCHY
NARROW	ŹLE
TALL	WYSOKI
SHORT	MIĘKKI
HIGH	MOKRY
LOW	SZEROKI
GOOD	NISKI
BAD	WYSOKI
WET	TWARDY
DRY	NISKI
HARD	MAŁY
SOFT	WĄSKI

REVIEW: OPPOSITES 2

Review Time: Draw lines between the English word on the left and the corresponding translation on the right. Refer back to the original puzzle if you need help.

```
J N A T O Y J T O Ą Ź I C S P D
Y T S Y Z C H E A P Ą O Y J O E
T C H O V G D C F Ś L U E B W G
Ę L Ą H I Y T R I D Ę O R W O I
I E S R R R N S S C E Z I W L A
N A E Ż O O Ę Ś L I E W R O N G
K N L O I G E I O T W A R T Y T
M E D S E O T Y W Ł S P A I N H
A X Y I I E N I O I G A Z E M W
Z P A F G D R O G I F E F B I L
R E I Q U I E T P Ę E B E N Z I
T N K R M S S E W E E H A L Ę Ą
D S B Ł I N E L E N N T N N E U
V I Y T T A Ś P Ę T T O K U A W
O V Z T Ą T B O Ą D S H Ś O H E
D E S O L C M N C Ź S H M E H L
```

FAST	SZYBKI
SLOW	ŹLE
RIGHT	GORĄCY
WRONG	GŁOŚNY
CLEAN	ZIMNY
DIRTY	POWOLNY
QUIET	OTWARTY
NOISY	DROGI
EXPENSIVE	ZAMKNIĘTY
CHEAP	CZYSTY
HOT	TANI
COLD	CICHY
OPEN	BRUDNY
CLOSED	DOBRZE

REVIEW: OPPOSITES 3

Review Jumble: The translations in the word list below have been scrambled. Draw lines between the left and right columns to find the correct translations.

```
O E E U G N I N N I G E B Y A O
T H E T O Y O J A S N Y T Z W S
L D G A E N B E B A O O M Ł K O
N S E S A Y F U L L R I Y O E T
Ł R S T E D D Y R A T S N A T W
S P W B N T W U Y G S I D Y Ą O
E H B E F O Y A H T E V U N Z O
S F I R N H O W G C P H R L C E
H E N D T S Ą G T S P M T I O N
V S E H J A Ł E K A E W E S P A
O R V S I D F A T T Ł M U Ą T L
A R D K Ł Ł P S B N N R Y H H Ł
D A G R E Ł D Y G Y Y T G O I L
N A I A A A D L M T S I A T N E
A O L D I F F I C U L T E T I O
H F F D R R E N P L Ł S L F E Y
```

FULL	POCZĄTEK
EMPTY	PUSTY
NEW	NOWY
OLD	SŁABY
LIGHT	KONIEC
DARK	CIEMNY
EASY	STARY
DIFFICULT	PEŁNY
STRONG	TRUDNY
WEAK	JASNY
FAT	GRUBY
THIN	SILNY
BEGINNING	ŁATWY
END	CHUDY

REVIEW: OPPOSITES 4

Review Time: Draw lines between the English word on the left and the corresponding translation on the right. Refer back to the original puzzle if you need help.

```
Ó Ś C Q I Ó N E F I R S T A E S
T O Ś I O H H E I L O H T I W A
A H Ś Ś E Ó C O A N E E D A O A
N Ś O F E U W S Ź R Ś R S N N T
G H E P G U T Ó E Ą O E O T A D
I Ż J I H S P T L N B E Z F Z T
E T A A T Ó Ó Ó M W N E T C E Z
T O R O T L O Ą A Ś A E A B W B
P Ó N P O U S A E R R E L I N H
E D O R G C T T L O H I T N Ą H
E E N Z S S A Y H D S H M A T A
H H Ó E O L T W N K O Ź M O R T
C Ą E D I S N I O U C T O R Z T
L R S R E D I S T U O K E L A D
I R Ą E E R Y Z S W R E I P P F
Y S K H O H Q O G U Q T B R R I
```

NEAR	BEZ
FAR	PIERWSZY
HERE	DALEKO
THERE	PRZED
WITH	TUTAJ
WITHOUT	TAM
BEFORE	Z
AFTER	PO
EARLY	OSTATNI
LATE	BLISKO
INSIDE	W ŚRODKU
OUTSIDE	NA ZEWNĄTRZ
FIRST	PÓŹNO
LAST	WCZEŚNIE

REVIEW: MATERIALS

Review Jumble: The translations in the word list below have been scrambled. Draw lines between the left and right columns to find the correct translations.

```
Y A W N O H T M A G D S L N E I
Ź N A W E A M W C N G Q R T E I
C D L O G T O U O E E S M A E S
P L A T I N U M P O S T Ł Ń Z N
M A T E R I A Ł P T D E O K Ń L
B I E T P I A S E K Ł W Ł D T D
X R M L D Ź O E R I Ż O I T A D
E E A Ł D R L R S G L A T E M H
Y T N E I D E Ł B I M P L O G T
S A I E E N K W I E L E W L Ł N
B M L P L A T Y N A R V A U A Z
A E G C M S E T S O Ń S E R S G
V P T I E N O T S R S I L R S E
R M E O E K I T S A L P O R C D
O Ń C O N C R E T E V I Y P I R
N U N O D A I R Ł R A N F X Ł X
```

CLAY	STAL
CONCRETE	ZŁOTO
COPPER	PLASTIK
DIAMOND	SZKŁO
GLASS	SREBRO
GOLD	DREWNO
MATERIAL	MATERIAŁ
METAL	MIEDŹ
PLASTIC	PIASEK
PLATINUM	PLATYNA
SAND	BETON
SILVER	METAL
STEEL	DIAMENT
STONE	GLINA
WOOD	KAMIEŃ

REVIEW: MATERIALS 2

Review Time: Draw lines between the English word on the left and the corresponding translation on the right. Refer back to the original puzzle if you need help.

```
R W Ó Ł O Z A L E Ż E N S F T V
L E E T S S S E L N I A T S P S
F N B M H K N A Ł G E C S H S S
E S O B Ó T A T A A C Ó Ó S T H
A M S R U C K H T N E M E C A I
B T A A I R I E T R R R L L A
M M N R R U M R A M A K U E N B
L U E E B B A U F O M M C Ł I E
N I H W M L R R I O I C E I E L
W N E G R E E D S N C W I Ż R G
G I U Ą B P C I U O A R D E D B
M M O L A M Ą M T B H T I A Z D
A U C P T D S T D D Ł P I K E M
L L O W Z T O A F N A T Y T W L
E A T O L N I F Ł P D T L P N Ó
U B F T I D L Ł H U A T E X A P
```

ALUMINUM
BRASS
BRICK
CEMENT
CERAMIC
COTTON
IRON
LEAD
LEATHER
MARBLE
PAPER
RUBBER
SOIL
STAINLESS STEEL
TITANIUM

PAPIER
BAWEŁNA
GUMA
ŻELAZO
SKÓRA
CERAMIKA
MOSIĄDZ
OŁÓW
CEMENT
STAL NIERDZEWNA
ALUMINIUM
MARMUR
CEGŁA
TYTAN
GLEBA

REVIEW: SOMETHING TO DRINK? 130

Review Jumble: The translations in the word list below have been scrambled. Draw lines between the left and right columns to find the correct translations.

```
S T E A K D Ó W H I T E W I N E
N E T T T O N I C C U P P A C Ł
V X E E N I T N A P M A Z S W Y
H O Ó T G A Ł O P Ł I L E I I H
Y E K S I H W B P L L J E T M D
N N R O A O C I U O K B U K P T
Ó G E B W Q Ó A C E R B M I O W
G A E F A Y R Ł I A M U W H C S
L P B V K T M E N Q A O M G G E
W M O S D C A D O C B Y Ó G N Z
E A I S O N Y Ł Ó Y Ł B B I A E
Y H T L V L H W O D A O W N E T
W C E E W G E M U N B D G F N E
Ł O A E R I S R U A E Ł F E F R
L F W I N O C Z E R W O N E A D
O S S G E Z S P Ó B C L N T O Ó
```

BEER	MLEKO
BRANDY	RUM
CAPPUCCINO	WINO BIAŁE
CHAMPAGNE	SZAMPAN
COFFEE	WODA
GIN	CAPPUCINO
JUICE	WHISKY
MILK	KAWA
RED WINE	PIWO
RUM	WINO CZERWONE
TEA	SOK
VODKA	GIN
WATER	HERBATA
WHISKEY	WÓDKA
WHITE WINE	BRANDY

SOLUTIONS

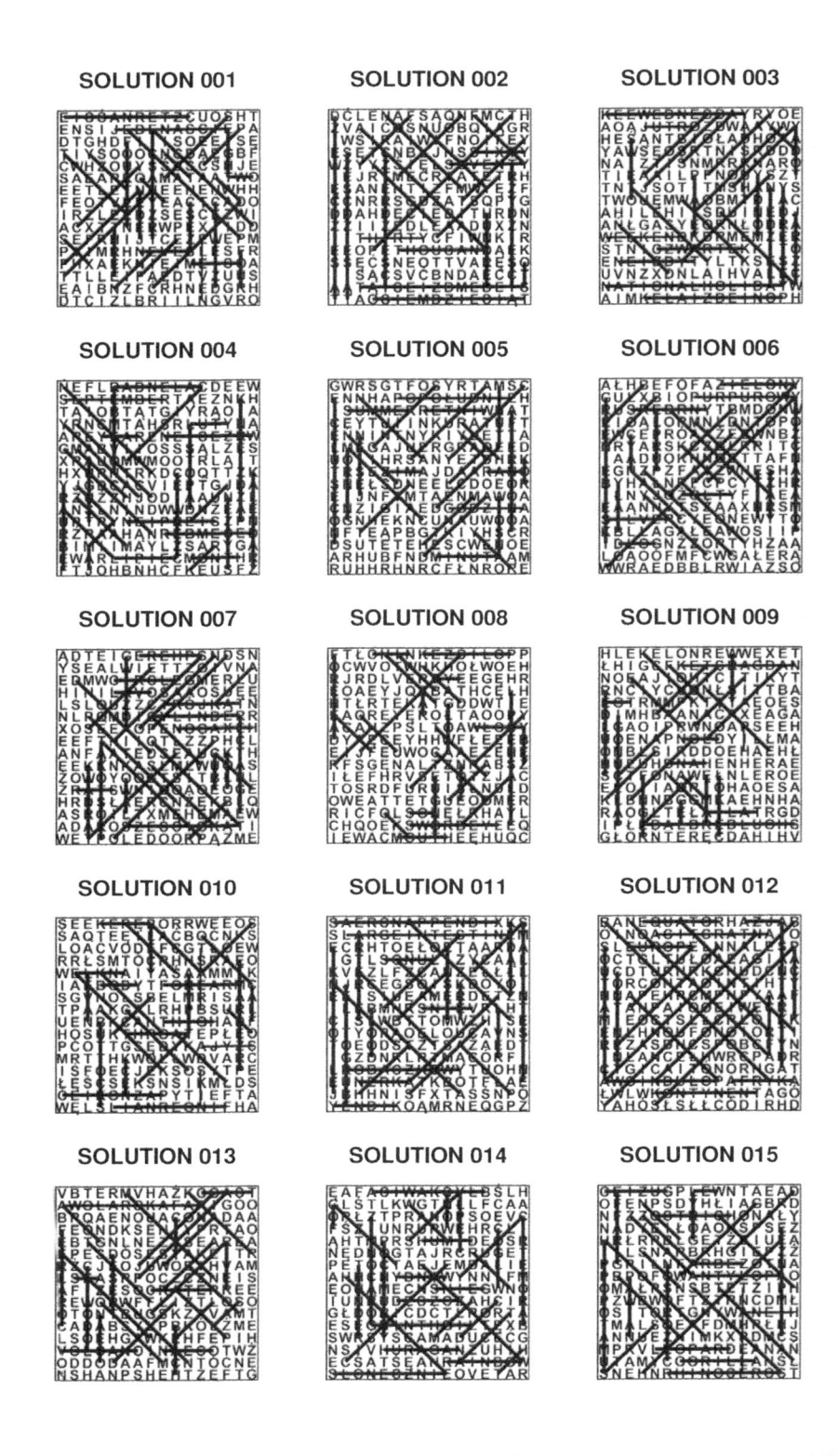

SOLUTION 001 SOLUTION 002 SOLUTION 003
SOLUTION 004 SOLUTION 005 SOLUTION 006
SOLUTION 007 SOLUTION 008 SOLUTION 009
SOLUTION 010 SOLUTION 011 SOLUTION 012
SOLUTION 013 SOLUTION 014 SOLUTION 015

SOLUTION 016   SOLUTION 017   SOLUTION 018

SOLUTION 019   SOLUTION 020   SOLUTION 021

SOLUTION 022   SOLUTION 023   SOLUTION 024

SOLUTION 025   SOLUTION 026   SOLUTION 027

SOLUTION 028   SOLUTION 029   SOLUTION 030

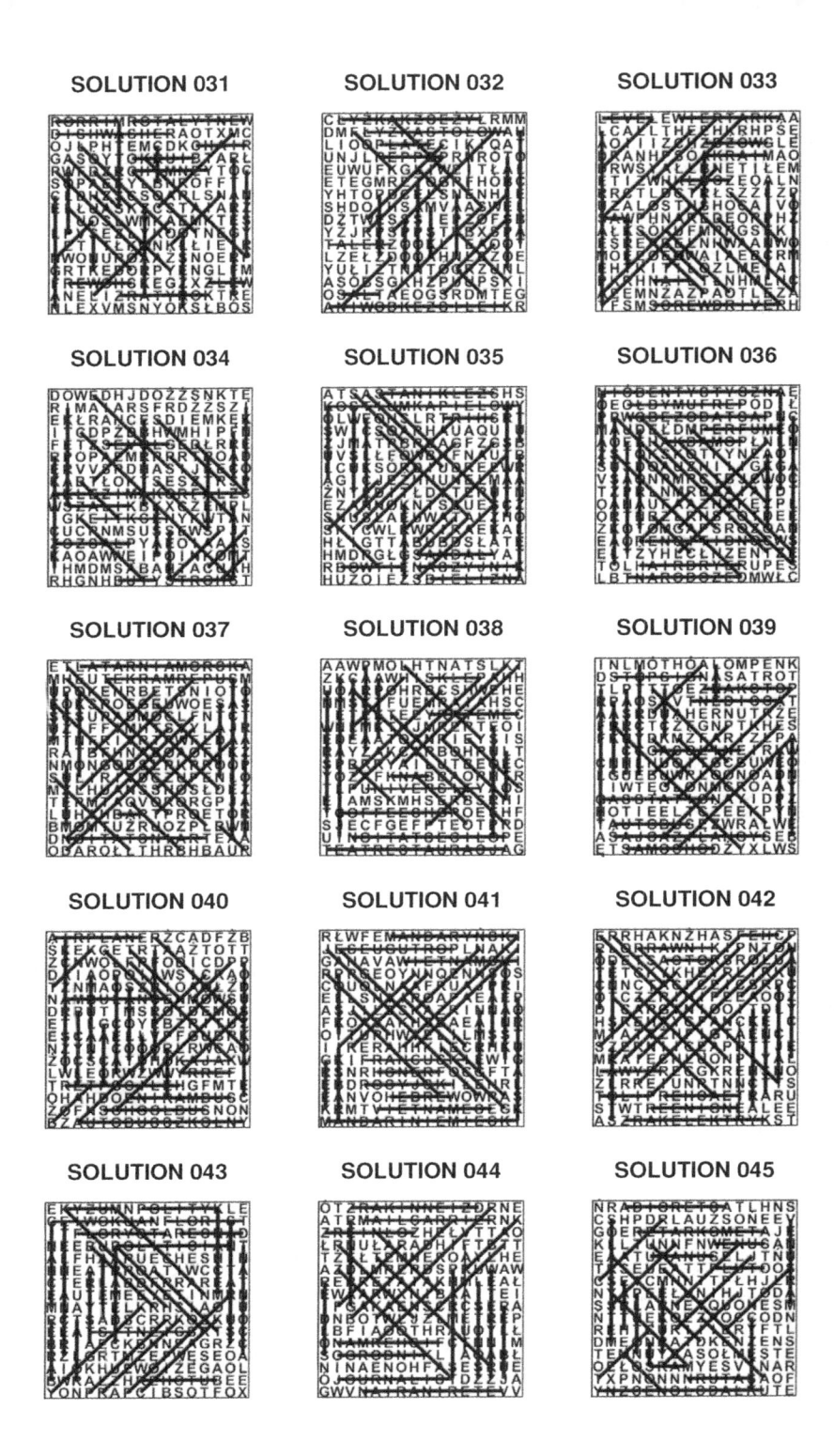

SOLUTION 031

SOLUTION 032

SOLUTION 033

SOLUTION 034

SOLUTION 035

SOLUTION 036

SOLUTION 037

SOLUTION 038

SOLUTION 039

SOLUTION 040

SOLUTION 041

SOLUTION 042

SOLUTION 043

SOLUTION 044

SOLUTION 045

SOLUTION 046

SOLUTION 047

SOLUTION 048

SOLUTION 049

SOLUTION 050

SOLUTION 051

SOLUTION 052

SOLUTION 053

SOLUTION 054

SOLUTION 055

SOLUTION 056

SOLUTION 057

SOLUTION 058

SOLUTION 059

SOLUTION 060

SOLUTION 061

SOLUTION 062

SOLUTION 063

SOLUTION 064

SOLUTION 065

SOLUTION 066
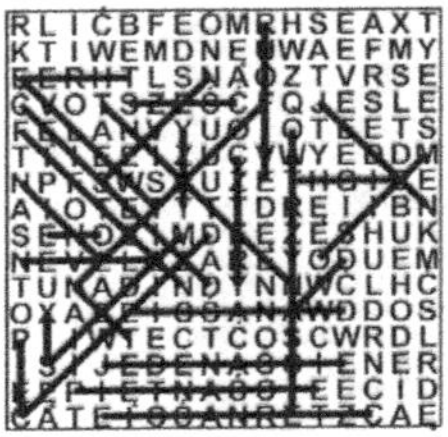

SOLUTION 067

SOLUTION 068
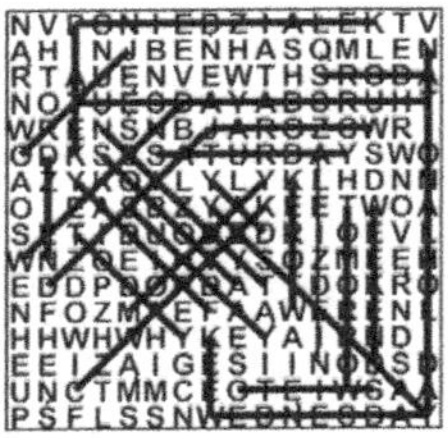

SOLUTION 069

SOLUTION 070

SOLUTION 071

SOLUTION 072

SOLUTION 073

SOLUTION 074

SOLUTION 075

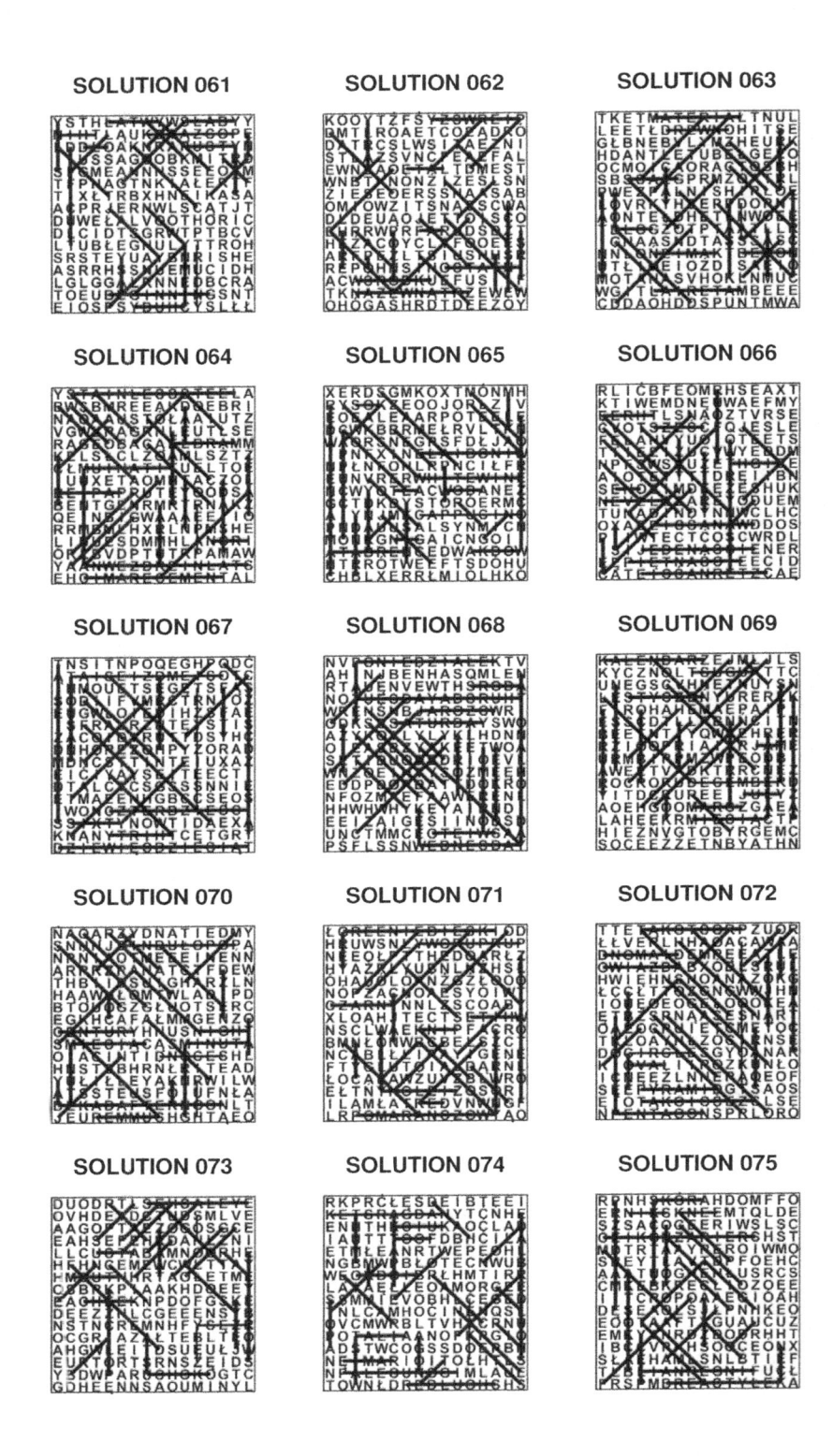

SOLUTION 076

SOLUTION 077

SOLUTION 078

SOLUTION 079

SOLUTION 080

SOLUTION 081

SOLUTION 082

SOLUTION 083

SOLUTION 084

SOLUTION 085

SOLUTION 086

SOLUTION 087

SOLUTION 088

SOLUTION 089

SOLUTION 090

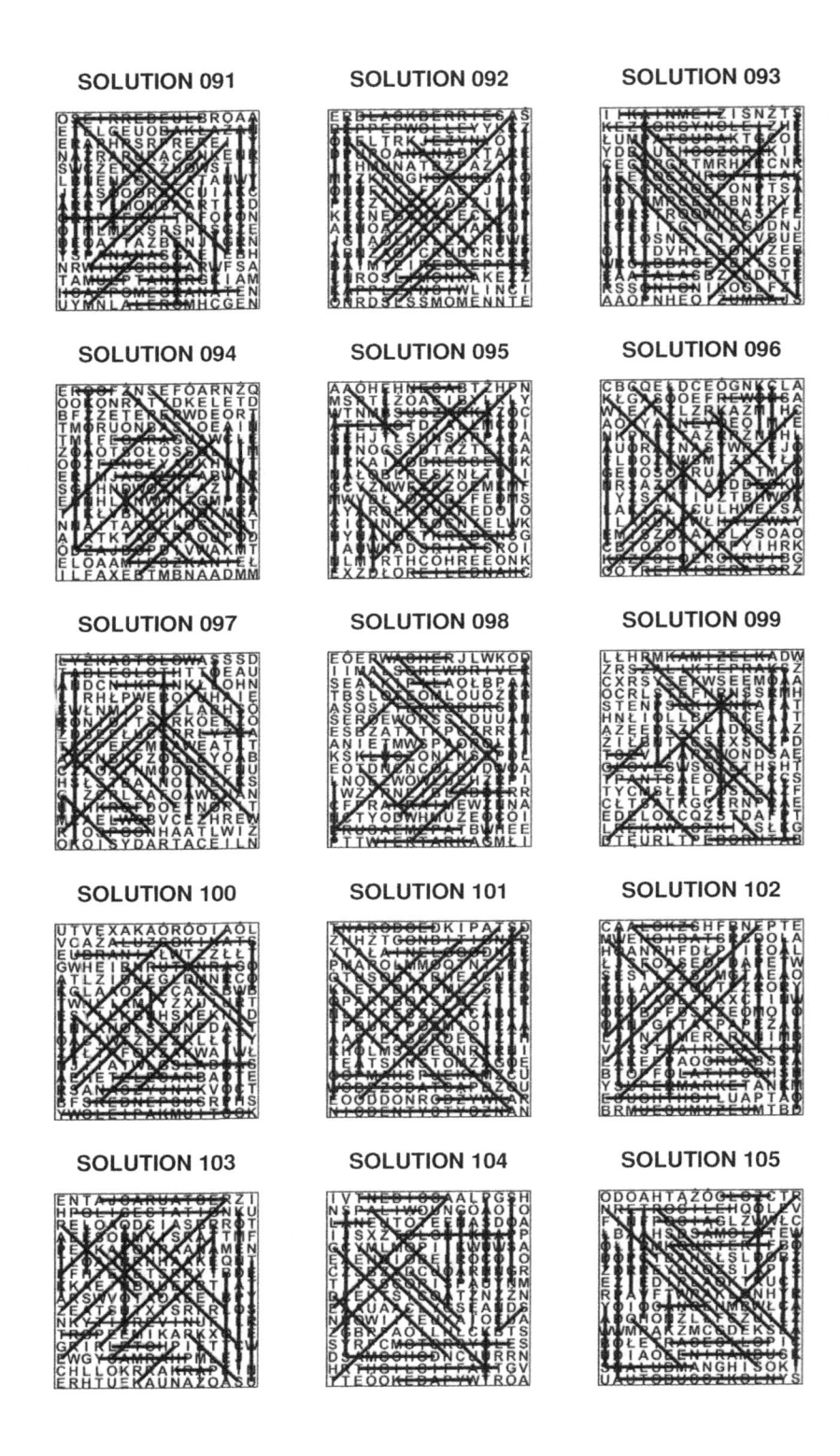

SOLUTION 091
SOLUTION 092
SOLUTION 093
SOLUTION 094
SOLUTION 095
SOLUTION 096
SOLUTION 097
SOLUTION 098
SOLUTION 099
SOLUTION 100
SOLUTION 101
SOLUTION 102
SOLUTION 103
SOLUTION 104
SOLUTION 105

SOLUTION 106 SOLUTION 107 SOLUTION 108

SOLUTION 109 SOLUTION 110 SOLUTION 111

SOLUTION 112 SOLUTION 113 SOLUTION 114

SOLUTION 115 SOLUTION 116 SOLUTION 117

SOLUTION 118 SOLUTION 119 SOLUTION 120

SOLUTION 121

SOLUTION 122

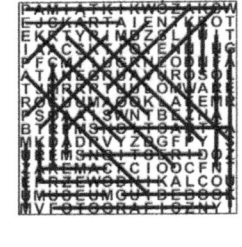

SOLUTION 123

SOLUTION 124

SOLUTION 125

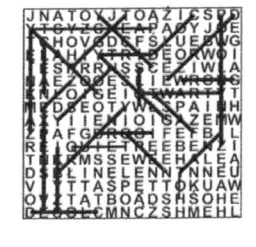

SOLUTION 126

SOLUTION 127

SOLUTION 128

SOLUTION 129

SOLUTION 130

Wordsearch Books by David Solenky

Language Series
Learn French with Wordsearch Puzzles
Learn German with Wordsearch Puzzles
Learn Hungarian with Wordsearch Puzzles
Learn Italian with Wordsearch Puzzles
Learn Polish with Wordsearch Puzzles
Learn Portuguese with Wordsearch Puzzles
Learn Romanian with Wordsearch Puzzles
Learn Spanish with Wordsearch Puzzles
Learn Swedish with Wordsearch Puzzles
Learn Turkish with Wordsearch Puzzles

Baby Name Series
Baby Name Wordsearch Puzzles
Baby Boy Name Wordsearch Puzzles
Baby Girl Name Wordsearch Puzzles

Made in the USA
Monee, IL
28 December 2022